Auf die 50 zu

ISBN 3-8231-0888-3

Auf die 50 zu

Von Franz Forsbacher
mit Zeichnungen von Birgit Tank

Inhalt

Cooly macht mich fertig

„Was es so alles gibt!" Mein Mann staunte nicht schlecht, als der neue Kühlschrank angeliefert wurde. KONSTRUKTIONSASSISTENT 2005i heißt er jetzt politisch korrekt, seit das diskriminierende BAUKNECHT abgeschafft wurde.

„Ultrageil, was es so alles gibt, mein lieber Gatte!", korrigierte ich seinen Ausruf der Verwunderung emotionsmäßig nach oben. „An das Internet angeschlossene Kühlschränke mit Nachlieferautomatik sind ultrahip! Und sorgen darüber hinaus für zeitgemäße und gesunde Ernährung! *Lean Food on demand*, mein Alter!"

„Internet am Kühlschrank?", staunte er mit einem Gesichtsausdruck, der einem Urmenschen vor einem Technologiezentrum nicht schlecht gestanden hätte. „Fährst du jetzt auch total auf Küchentechnik ab?"

Seit ich den Ernährungszubereitungscomputer angeschafft hatte, schmeckte es ihm nicht mehr so richtig.

„Dieser fettlose digitale Diätfraß!", lamentierte er.

„Mir ist in den letzten Tagen erst so recht bewusst geworden, wie gut mir doch die Erbsensuppe meiner Mutter immer geschmeckt hat!" Dass er bereits drei Kilo abgenommen hatte, zählte nicht für ihn. So sind Männer – immer nur Lust sofort.

„Was, wenn sie sich nun verbünden, dieser gnadenlose Speisenvergurker und der Kühlschrank mit Datenautobahnauffahrt?", murmelte er seine schlimmsten Befürchtungen vor sich hin. „Jahrelang nur noch Magermilch und Tofu … Unvorstellbar!"

Ich versuchte ihn mit den Tatsachen des Lebens von weiteren Depressionen abzuhalten. „Zuerst kommt die zweiwöchige Lernphase!", erklärte ich. „Das Gerät stellt den Grundbestand fest."

„Wie denn das?", wollte er wissen. „Kann das Ding Gedanken lesen?"

„Nein, aber Chipetiketten, mein lieber Erich!" Dieser Technikmuffel! „Unser Grundbestand könnte zum Beispiel so aussehen: drei Flaschen Magermilch, ein Liter Kefir, vier Tofuburger, ein Topf Superlightaufstrich und 100 Gramm eiweißreduzierte Geflügelwurst mit Kalorienbremse."

Er blickte säuerlich drein. „Toll!", meinte er dann ohne jede Überzeugung. „Wenn ich das recht verstehe, bestellt die Kiste sofort nach, was man herausnimmt."

„So ähnlich", erklärte ich. „Zuerst stellt sie fest, was man hineinpackt, und nach zwei Wochen hat sie ausgelernt und kauft ein – über das Internet."

„Aha", meinte er nachdenklich, griff sich die Gebrauchsanweisung des Gerätes und zog sich ohne jede dreckige Bemerkung in sein Zimmer zurück. Sehr verdächtig ...

In den nächsten Wochen verhielt sich mein Gatte recht seltsam, doch ich hatte es schwer, die korrekten Schlüsse zu ziehen. Weshalb lungerte er nur ständig vor dem neuen Kühlschrank herum? Jeden Becher Sauermilch, jede Kartusche „Schlankfood" verfolgte er mit erregten, geradezu brennenden Blicken.

„Man wird doch wohl noch einem modernen Hightechgerät in der Programmierphase zuschauen dürfen!", entgegnete er erbost, als ich ihn darauf ansprach. Ich ahnte nicht, welchen verderblichen Einfluss er dabei nahm ...

Die erste ungewöhnliche Entdeckung war eine Flasche Wodka im Gemüsefach. Erich! Diese primitiven Versuche, mich zu hintergehen! Ich ergriff die Todesdroge kopfschüttelnd, leerte sie in die Spüle und dachte nicht weiter darüber nach. Als die nächste Lieferung kam, bestand Erich darauf, sie einzusortieren. Spätestens hier hätte ich stutzig werden müssen. Doch ich war nicht wachsam genug ... Als ich mir vor dem Zubettgehen noch ein Fermentdrops gönnen wollte, war ich wie vom Schlag gerührt: Sixpacks in meinem Kühlgerät! Dieselbe Flasche Wodka! Rauchfleisch und Ölsardinen in der Frischebox! Mikrowellenhamburger überall!

„Erich!", schrie ich hysterisch. „Erkläre mir das mal bitteschön!"

Er erschien sofort, trug sein Bogart-Grinsen und einen alten Bademantel und sah unverschämt besoffen aus. „Julia, mein Schätzchen!", lallte er. „Was kann ich für dich tun?"

„Wie kommt dieser Müll in den Kühlschrank?", hörte ich mich empört ausstoßen. „Junkfood und üble Drogen ..."

„Audomatisch bestellt!", entgegnete er grinsend. „Online und selbsttätig. Cooly und ich mögen uns nämlich. Cooly hat gerne Allohol in seinem Bauch und Schweinefraß und andere scharfe Sachen!"

Einer meiner strafendsten Blicke traf ihn wie ein Blitz. „Damit kommst du mir nicht durch! Ich werde sofort den Bestellspeicher löschen!"

„Ja?", meinte er kühl. „Versuch's doch mal!"

Ich tat es. PASSWORD? prangte auf dem taghellen TFT-Display. PASSWORD?

Es klingelte an der Haustür. „Online Supplies Poppelmann! Ihre nächste Lieferung!", hörte ich den Boten sagen. Flaschen klirrten, es roch nach zu stark gewürzten toten Tieren.

„Sag mir sofort das Passwort!", schrie ich wie von Sinnen. „Ich werde dem ein Ende machen ..."

„Das glaube ich kaum", meinte Erich und biss ein Stück von einer ekelhaften geräucherten Mettwurst in seiner Pranke. Er spülte es mit widerlich stinkendem synthetischen Bier herunter und rülpste. Ich grub mit meinen

diamantgehärteten Kunstnägeln Rillen in die Kühlschrank-
tür. Sie verschwanden augenblicklich wieder.

„Selbstheilende Oberfläche!", meinte Erich süffisant.
„Hochtechnologie!"

Ich rannte in die Garage, kam mit dem Beil zurück und
schlug zuerst auf die Kühlkiste, dann auf Erich ein. Der
wich meinen Hieben erstaunlich geschickt aus.

„Du weißt, dass du Psychoalarm ausgelöst hast? Der
Adrenalinsensor des Kühlschranks hat dich an die Männer
im weißen Kittel verpfiffen!"

In der Tat. Mit heulender Sirene raste ein Krankenwagen
heran. Ich kletterte auf den Kühlschrank, doch die Herren
im weißen Kittel pflückten mich professionell herunter.
Eine Hochdruckspritze pumpte mich voll mit Diazepam.
Rosa Häschen hoppelten durch mein Blickfeld.

„Der dritte Fall von Hightechwahn diese Woche!",
meinte der eine Pfleger.

Zarte Wölkchen des Vergessens umhüllten mich. Als sie
mich wegschleiften, sah ich noch, wie ein haariger Werwolf
namens Erich das Passwort eintippte und eine neue Flasche Bier aus dem hinterhältig grinsenden Kühlschrank
nahm.

Aufreißer unter sich

Zwei erwachsene Männer, beide Mittvierziger, im erotischen Nahkampf?

Wie waren sie bloß auf dieses schmale Brett gekommen?

Alles begann in ihrer Stammkneipe. Statt genüsslich abzupumpen und sich nach und nach voll laufen zu lassen und über Fußball oder die anderen wichtigen Dinge des Lebens zu reden, unterhielten sie sich über – Frauen. Nicht über die eigenen – bewahre! Über die reden richtige Männer erst nach der Zustellung des Unterhaltsbescheids, und dann nicht mehr sehr gut. Nein, es ging um die allgemeine Attraktion der Geschlechter, um die feinen ätherischen Reizübermittlungen auf nonverbaler Ebene …

Ursache war Rita, 23, freundlich-frech und überaus gut proportioniert, die neue Kellnerin.

„Die leg ich flach!", vergriff sich Holger, umwölkt von zahlreichen Promille, im Ton. „Auf die habe ich mein halbes Leben lang gewartet!"

„Sie aber nicht auf dich!", machte sich Gerd über seinen Freund Holger lustig. „Du und Frauen aufreißen! Mit dem Pilsgeschwür?"

Gerds vorgestreckter Zeigefinger pikste in Holgers respektablen Bierbauch. Holger zweifelte an ihrer Freundschaft.

„Das ist kein Bauch, sondern meine Karriereausstülpung!" Das Wort machte ihm deutlich hörbar Probleme. „Den habe ich mir während meiner langjährigen Praxis als Bankkaufmann …"

Trinkpause.

„… in zahllosen Geschäftsessen mit Pilsglas, Messer und Gabel mühsam erkämpft!"

Dann holte Holger zum verbalen Gegenschlag aus, und der kam brutal von unten: „Und du? Guck dich domma an! Kein Haar auf dem Kopf, keinen Arsch in der Hose! Aber zentnerschwere Frauen stemmen …"

„Darf ich den Herren noch etwas servieren?", läutete Ritas Glockenstimme durch Alkoholnebel und Adrenalinschwaden und reicherte diese augenblicklich mit einer guten Dosis Sexualhormone an.

„Mir noch 'n Pils und 'n Korn!", meinte Gerd betont cool, doch seine Stimme zitterte verräterisch.

Holger starrte mit offenem Munde auf die planetarischen Wölbungen, die genau in seiner Augenhöhe über der Thekenoberkante aufgingen, sagte dann unvermittelt: „Puh! Mir dieselben … dasselbe!" Dann war die sexuelle Verfinsterung seines Blickfeldes leider vorüber.

Nachher konnte keiner mehr so genau sagen, wer auf die Idee mit der Wette gekommen war. Blau genug waren beide. Aber vermutlich war Holger die treibende Kraft. Es war eine typisch männliche Wette, denn es ging um die existenziellen Werte an sich:

„Meinen Mercedes, wenn du die flachlegst!", stieß Holger über alle Maßen erregt hervor. Er hechelte dermaßen, dass man sich das zugehörige Schwanzwedeln mühelos vorstellen konnte.

„Mein BMW dagegen!", stöhnte Gerd und massierte sich demonstrativ die Schamgegend wie ein Sportler vor dem Wettkampf die entscheidenden Muskelpartien.

Das war nicht die Wette von Männern, die an sich keinen großen Bock auf Abenteuer haben, sich aber gegenseitig etwas beweisen müssen. Das war auch keine Torschlusspanik. Nein, das war das letzte Aufglühen in den Augen zweier erfahrener Raubtiere, Wölfe, die es noch einmal wissen wollten.

„'n Tequila. Rita-Tita!", bestellte Holger mit der Stimme von Arnold Schwarzenegger seinen bewährten Kampftrunk.

„Und mir 'n Whisky!", stieß Gerd markig-männlich hervor.

„Kommt sofort!", flötete Rita und schwebte durch den Raum wie Aphrodite durch Arkadien.

„Die macht dich fertig!", versuchte Gerd seinen Gegner mental zu schwächen.

„Die saugt dich aus bis aufs Blut!", konterte Holger gekonnt. „Die bringt dich nicht zum Orgasmus, sondern zum Infarkt – wenn überhaupt!"

So weit kam es nicht. Kaum, dass die Digitaluhr hinterm Tresen die Polizeistunde eingedudelt hatte, kaum, dass Gerd und Holger bei Rita ihre Deckel (mit reichlich Trinkgeld) gelöhnt hatten, kaum, dass sie innerlich Anlauf genommen und den ebenso entscheidenden wie völlig veralteten Satz geübt hatten („Na, Puppe? Geh'n wa noch wo hin?") – verschwand diese von einem Augenblick auf den anderen mit einem Mann im schwarzen Mantel, der im Vergleich zu den beiden mittelalterlichen Recken in einer anderen Klasse spielte: Breit wie eine Schrankwand, jung wie Jung Siegfried, energiegeladen wie die Stadtwerke …

„Ö!", sagte Gerd nur, und Holger brachte nichts Intelligenteres hervor. Da standen sie nun beide im Regen vor der Kneipe: sturzbetrunken, mit tief verletzter Männlichkeit und nun auf jeden Fall mehr als verpflichtet, es sich gegenseitig zu beweisen. Auf der gegenüberliegenden Straßenseite blinkte eine grelle Neonreklame: „Morbido". Es brauchte nur einen einzigen Blick. Im Nu verlegten die verfeindeten Freunde die Arena ihrer Auseinandersetzung auf die andere Straßenseite.

„'n Abend, L … leute!", lallte Holger tatendurstig beim Eintreten. Gekonnt hatte er den Türsteher („Was willsten du hier, Opa?") mit einem Fünfziger überzeugt. Gerd torkelte hinterher. Die Energie ihres Auftritts nahm von Schritt zu Schritt ab. Überall flatternde Gewänder, brennende

Kerzen, Pechfackeln, weiße blutleere Gesichter. Hunderte kohlschwarz brennende Augen starrten ihnen entgegen, Skelette an den Tischen und umgedrehte Kruzifixe an den Wänden … Plötzlich setzte die Musik aus (an sich ein lobenswertes Ereignis bei dieser Musik). Doch aus der Totenstille trat ein riesiger hünenhafter schwarzer Mann hervor, stellte sich Gerd und Holger in den Weg und verdunkelte die ohnehin knappe Beleuchtung.

„Eyh, ihr Typen! Macht bloß, dass ihr …"

„Gerd! Holger!", klang es plötzlich glockenhell und mehr als freundlich von der Bar (ein wahres Sarggebirge). „Was macht ihr denn hier? Zwei Grufties in der Gruftie-Bar!"

„Rita?" Holger hatte sie trotz der ofenschwarz geschminkten Augen erkannt. Sofort suchte er seelischen Halt. „M … mensch, bin ich froh, dich zu sehen!"

„Ist ja krass!", lachte die attraktive Barfrau, umlagert von geilen Vampiren und angespitzten Untoten. „Das hier ist mein zweiter Job! Wollt ihr 'n Bier?"

Alptraum

Dass sich Männer, die auf die 50 zugehen, so langsam Sorgen machen wegen ihrer Frau, ist hinlänglich bekannt.

„Nirgends kann man mehr mit dir hingehen!", klingt es eines Abends aus der ehelichen Wohnung.

„Wie du aussiehst! Und fett bist du auch geworden! Tu doch mal was für dich!"

Etwa drei bis vier Wochen später läuft dann die erste Nummer mit der netten Mitarbeiterin, die zwanzig Jahre jünger ist, und die alte (Ehefrau) wird entsorgt. Punktum.

In diesem Film lief alles umgekehrt, das Drehbuch war von einer Frau geschrieben: So ähnlich klang es aus einer Wohnung in Hamburg-Bergedorf, nur war es eine weibliche Stimme, die das Wort führte: „Die ganze Woche hängst du Fettsteiß vor der Glotze!", tönte es da in höchster Erregung. „Und wie du aussiehst! Und feist bist du auch geworden! Mensch, hau doch ab, Männer gibt es genug, und jeder andere ist besser als du!"

Kurz darauf stand ein einsamer Mann am Straßenrand, ohne Autoschlüssel und somit ohne jede Zukunftsperspektive, in der Hand die große Fitnesstasche, die das Studio nur ein einziges Mal gesehen hatte und nun gefüllt mit ungewaschenen Klamotten war.

Hatte niemand Mitleid mit ihm?

Im Gegenteil.

„Hey, guck mal, Sandra, die Göteborg hat ihren Alten rausgeschmissen!", verlautete es hell vom Balkon im dritten Stock. „Einfach auf den Sperrmüll gestellt!"

Als im Hintergrund eine tiefere Stimme protestierend etwas brummte, sprang ihr die höhere sogleich akustisch mitten ins Gesicht: „Und du halt dich da ja raus, Onno! Sonst machst du gleich selbst den Abgang!"

Es war wie eine Seuche. Überall flogen die alten Ehemänner, Lebensabschnittsgefährten, Bekannten und Lover in hohem Bogen aus den Fenstern, sprangen von Furien verfolgt vom Balkon oder krochen aus Kellerlöchern, immer begleitet von einer Fitnesstasche voller Schmutzwäsche. Ein trauriger Zug verstoßener Männer stoppte den städtischen Verkehr, steuerte dann die jeweils nächste Kneipe an und verschwand darin – zunächst auf Nimmerwiedersehen. In mancher Wohnung vernahm man zufriedene Seufzer weiblicher Stimmen, und es war ein Kaffeetassenklirren und Kuchenrezepteaustauschen ohnegleichen. Gute Freundinnen genossen das Zusammensein mit anderen guten Freundinnen, und nichts schien die Damen zu stören. Schon gar kein Mann.

Die Herren der Schöpfung hielten sich unterdessen mit Unmengen von Fastfood über Wasser, bevölkerten Waschpaläste und billige Pensionen und litten schon mächtig unter Triebstau. Das Pornokino an der Ecke war ständig überfüllt. Die männerlosen Damen tranken literweise viel zu süße Weine, genossen noch immer ihre ungestörte Eingeschlechtlichkeit und vermissten nichts.

Doch dann – war es schon Wochen nach dem ersten Aufbegehren der Weiblichkeit gegen Schlappsäcke und Schwimmringe? – begann die Treibjagd. Wo waren sie denn nun, die besseren Männer? Frauen in Nahkampfoutfit voller Sehnsucht schwärmten aus, überfluteten Cafés und Lokale, Arbeitswelt und Freizeitpark mit Wellen von Erotik – hier ein Schlitz im Kleid, da ein gewagtes Dekolletee, dort blitzten Strapse unterm kurzen Rock. Wogen von Parfum über allem. Viele wurden fündig, manche Beziehung ging in die Brüche. Die aktivsten Weiber hatten Glück, schnappten sich die schnuckeligsten Kerle mit Waschbrettbauch und Knackpo weg, die nächsten nahmen mit Mittelklassemännern mit leichtem Bauchansatz und Brille vorlieb, und dann war da noch ein Heulen und Zähneknirschen. Nein, nicht die Exgatten knirschten, sondern die Weiber, die keinen abbekommen hatten. Verständlich, denn so wild waren die jungen Herren nun auch wieder nicht auf fast

50-jährige Gespielinnen. Einsam streiften diese übriggebliebenen Amazonen durch den Dschungel der Großstadt, klebten ihre suchenden Schlafzimmeraugen an jeden Hosenzipfel und waren allein, so allein …

Immerhin riss die Nachfrage der Ladies mittleren Alters ein mächtiges Loch in das Angebot für die gleichaltrige Damenwelt, und manche Dreißigjährige fragte ihren Ex: „Warum denn nur diese alte Schachtel?"

Liebe kennt scheinbar keine Alter, und so kam es, dass plötzlich auch ältere Herren sehr gefragt waren. Überall suchten einsame junge Frauen nach einem zuverlässigen Mann mit grauen Schläfen, der sie nicht enttäuschen würde wie der junge Windhund, mit dem sie bisher Leben und Lager geteilt hatten und der sie nun wegen so einer alten, fast hundertjährigen Schlampe schnöde verlassen hatte.

Das erste Opfer weiblicher Wut, besagter Gatte aus Bergedorf, kam so in den Genuss einer völlig neuen Gefährtin – auch an Lebensjahren, grinste sich eins und dachte: Knackig, knackig, die Gute. Man weiß nie, wozu etwas gut ist. Kochen tat die Alte besser, aber …

Seine Frau hingegen, nicht eben eine Schönheit, war bei dem *Run* auf junge Lover wohl zu kurz gekommen – und vermisste ihre alte Couchkartoffel. Sie forschte hier und recherchierte dort und bekam natürlich heraus, wo ihr herausgeworfener Ex-Gatte zu finden war. Frauen bekommen so etwas immer heraus.

So kam es, dass es eines Abends in der Pension „Doris" eskalierte – und gerade in dem Augenblick an der Tür klopfte, als drinnen eine beziehungsmäßige Abrechnung ihren Verlauf nahm, die uns ziemlich bekannt vorkommen dürfte: „Ich bin 32, nicht 120! Die ganze Woche hängst du Penner vor der Glotze ..."

Nanu, warum war denn die junge Dame so aufgebracht und ausgesprochen ungehalten mit ihrem seriösen Herrn mit den grauen Schläfen? Passte da vielleicht was nicht zusammen? Und nun trat auch noch die Ex ein, Mitte 40 und einsam, so einsam und wild entschlossen, sich ihren Gatten zurückzuholen.

„Verschwinde, du Schlampe!", schrie ein Weib das andere an, und der sehr gefragte Mann suchte ängstlich unter den Sofakissen Schutz. Nein, wirklich, die Lage schien sehr verworren ...

Gerade als beide Weibsbilder sich die Augen auszuhacken und an dem Ehegatten herumzuzerren begannen, der mein Walter war und eine ihm eben den rechten Arm ausriss, wachte ich zum Glück auf. „Mein Gott, was man sich für einen Blödsinn zusammenträumen kann!", sagte ich zu mir und schob meinen müden Leib unter die Dusche. „Sind das schon die Wechseljahre?" Couchkartoffeln sah ich nach diesem Traum ganz anders.

Jäger und Sammler

„Hinter dir!"

Gollwitzer hechtete sich aus dem Stand drei Meter weit in den Sand. Die Fänge der Bestie verfehlten ihn knapp. Seine Keule schlug unbarmherzig zu, traf das Raubtier ins Rückgrat. Winselnd verschwand es im Unterholz.

Wie war er nur hierher gekommen? Um ihn herum nichts als vertrocknetes Grasland, Sand, Vulkanasche. Hier und da ein verfallenes Relikt menschlicher Zivilisation. Reste von Sitzgelegenheiten, verbogene Stahlgerippe, die irre in den Himmel ragten. Verrottende Abfallgebirge. Dazu das Wetter. Temperaturen um den Gefrierpunkt. Ein Fell und ein paar Lappen um die Füße. Die Keule als einzige Waffe. Hart, härter, am härtesten – spätpubertäre Spiele in freier Wildbahn ganz ohne Handy, Personal Organizer und PC – hatte er sich so etwas nicht früher immer gewünscht?! Jetzt steckte er mittendrin.

„Mann, das war knapp!", meinte Fungstätter. „Erstaunlich! Deine Instinkte sind noch ganz in Ordnung. In deinem Alter …"

„In meinem Alter!", protestierte Gollwitzer. „Ich bin gerade mal 46 geworden. Und du bist nächstes Jahr dran!"

„Halt's Maul, da müssen wir durch", meinte Fungstätter zerknirscht.

Auf diesem Geburtstag hatte ja alles seinen Anfang genommen. Es war eine dieser irren Wetten gewesen. Vier Wochen in der Wildnis, ohne jedes Hilfsmittel der Zivilisation.

„Das schafft ihr Weicheier nie!", hatte Berkmann getönt.

„Wollen wir wetten? Aber nicht um 'n Kasten Bier oder so. Es muss richtig um was gehen – damit ihr durchhaltet!" Jetzt ging es um satte zehn Riesen – für jeden.

„Ich frier mir den Arsch ab!", jammerte Gollwitzer.

„Machen wir jetzt endlich Feuer?" Fungstätter sah sich forschend um, zog die kalte Abendluft ein, witterte. „Zu früh!", gab er dann bekannt. „Wenn die Grünen das spitzkriegen, ist es vorbei."

Wie jeden Abend schlugen sie sich in die Büsche, machten sich daran, ein Schlafnest aus Laub zu bauen. Sie hatten es eilig, denn der Abendwind frischte merklich auf und griff gnadenlos nach ihren nackten Waden.

„Es gibt Schnee heute nacht!", sagte Fungstätter. „Wir sollten uns eingraben."

„Und was essen wir? Wieder Löwenzahn? Regenwürmer? Vertrocknete Hagebutten? Der Fraß kommt mir aus den Ohren raus! Und richtig satt wird man auch nicht davon!"

„Psst!" Fungstätter hatte ein Geräusch bemerkt. „Da drüben – unser Abendessen!"

Es war ein schönes Tier, das gut im Futter stand. Fungstätter griff den Schaft des Speeres fester. Es war eine gute Waffe. Der Schaft aus federleichtem Holunderholz, die Spitze aus dem Blech einer Coladose gehämmert und mit Feuerstein angeschliffen, rasiermesserscharf.

„Geh du hintenrum!", flüsterte er Gollwitzer zu. „Vergiss die Keule nicht!"

Jetzt war Fungstätter auf der Pirsch. Er kroch durch das trockene Gras, jede Deckung nutzend. Das Tier witterte, schnüffelte am Fuß eines Baumes, trabte ahnungslos weiter, direkt auf ihn zu. Er hockte angespannt wie eine Raubkatze hinter einem Baum und wartete.

„Näher, näher, noch näher…", flüsterte er beschwörend und ohne Stimme. Er hatte nur einen Wurf, und den musste er nutzen. Noch einen, noch einen einzigen weiteren Schritt! Zissssssssssch! Das Tier hatte keine Chance. Der Speer hatte seinen Brustkorb durchbohrt. Zuckend verendete es im Mondlicht. Da tauchte hinter ihm Gollwitzer auf, eine fahle, dürre Gestalt, Urbild des Steinzeitjägers. „Pass auf, hinter dir! Die Grünen!"

Zu spät. Starke Arme griffen zu. Handschellen klickten. Ein Kommunikator piepte. „Zentrale? Hier Wagen 23. Zwei arme Irre im Stadtpark aufgegriffen. Im Steinzeitkostüm, mit Keule, Speer usw.. Nein, keine Papiere. Haben gerade einen Boxer erlegt. Gut, ins Landeskrankenhaus ..."

Karriereplanung

Schon wieder nicht. Schon wieder eine andere! Bei jeder Beförderung werde ich ausgelassen! Soll ich denn mein ganzes Leben lang Unterbezirksvertriebsleiterassistentin bleiben, ich, Brigitte Schmidt-Hubermann, die Krönung jeder Büroeinrichtung?

Man muss sich abgrenzen, in den Vordergrund heben, Leistung zeigen. Mehr bringen als die anderen. Leicht gesagt, wenn da nichts ist, was man bringen könnte. Ein neuer Bügel-BH mit Liftomatic muss her. Soweit das Outfit.

So, nun weiter. Mal in aller Ruhe nachdenken und die Sachlage analysieren.

Die Siegloch wurde vor zwei Jahren befördert, weil sie so schön blond ist.

Der Fettenkötter schleimt wie kein Zweiter.

Die Protzmann hat so dicke … äh, schöne Augen. Kann es das sein?

Aber vor allem: Alle sind jünger als ich!

Also: Jugend und Erotik demonstrieren! Unter dem dezenten schwarzen Kostüm mit dem atemberaubenden Ausschnitt mal etwas Reizwäsche aufblitzen lassen, Rundungen zeigen. Allerdings – wo nichts ist … Was pack ich da Atemberaubendes rein? Ach ja, der Bügel-BH.

Jetzt der Lifestyle. Red Bull literweise (das trinken alle Kreativen), dazu Sushi (Igitt!) und VH-1-Music (Brech!) den ganzen Tag. Dann diese Margarine von *Ich-will-so-bleiben-wie-ich-bin*. Fehlt noch die geeignete Know-how-Demonstration. Multimediamäßig. Computerologisch. Am besten immer mit Fachbegriffen um sich werfen. Provider, Frontend-Application, URL, Online, Quicktime-Movie und Flashprogrammierung. Online-Banking, e-commerce. *And so on*. Computerfitness beweisen. Hier und da mal den Rechner eines Kollegen aus dem Konzept bringen und dann mit wundersamer Sachkenntnis wieder reparieren. Machen die anderen auch so. Wenn ich an die Sauerei von Hartmann letztes Jahr denke: bKaffee in der Tastatur. Das zahl ich dem heim. Kann man nicht Viren aus dem Internet runterladen? Na klar, Melissa für den Pisser! Oder mach ich's mehr handgreiflich. Scheibletten im Diskettenlaufwerk. Gut ist auch die Nummer mit dem neuen Passwort. Brabbelt ja ständig vor sich hin, der debile Typ. Jeder hier weiß, dass „Pantoffeltierchen" sein Passwort ist. Je länger, je sicherer, glaubt er. Übrigens, ich kenne die Passworte vom ganzen Büro.

Siegloch: Manni.

Fettenkötter: flexibel.

Protzmann: Terminator.

Gilges: Elvira (seine Frau).

Tönnes: Intrige.

Womit wir beim Zentralthema wären. Intrigen, Mobbing, linke Touren im Büro. Da sprechen alle dieselbe Sprache. Wer was geworden ist in der Büroszene, der hat es so gemacht. So, das wird schon klappen. Was liegt denn da Neues in meinem Fach: Oh, vom Big Boss. Die Beförderung?

„Angebote zur beruflichen Fortbildung im Jahr 2000": Grundschulung Kalkulation unter Excel 2000? Teamwork for Einzelgänger? Nichts für mich. Was zu weit geht, geht zu weit. Schließlich verbieg ich mich nicht für die Karriere.

Das Haus ist ja so groß …

Wo war denn noch das Esszimmer? Über den Korridor links, meine ich. Oder hinter dem dritten Kinderzimmer rechts?

Apropos Kinder: Jetzt, wo sie aus dem Haus sind, die Kinder, ist das Haus plötzlich so groß. Einen derartig plötzlichen Raumgewinn in den eigenen vier Wänden hätte ich mir nicht träumen lassen. Gestern noch kam uns alles beengt und nervend eingeschränkt vor. Heute erscheint mir schon unser Korridor so groß, als könnte ich ihn als Golfplatz vermieten.

Der Keller: das reinste Labyrinth von Minos im Eigenheim. Riesige Heizöltanks, endlose Tischtennisplatten, Vorratsregale ausgedehnt und rätselhaft wie Roms Katakomben. Die Tiefkühltruhe – arktische Weiten. Gähnende Leere, urtümliches Biotop unter Extremklima. War das da hinter den gigantischen Fischstäbchen nicht ein Eisbär? Balzten dort hinter dem Gefrierbeutel mit Linsensuppe nicht die Pinguine?

Schrumpft der Mensch nicht mit dem Alter? Geht das schon Mitte 40 los? Die erste Etage: Eine endlose Eingangshalle, nur mit Jeeps oder schnellen Pferden zu durchqueren. Mannshohe Schirmständer, das himmelhohe Gestell der Garderobe. Die Küche, weite weiße Hallen unterm Neonlicht, in denen in weiter Ferne meine Gattin wirkt, eine einsame Schlangengurke schält. Mein Gott, oder ist es eine Riesenschlange?

Der Wohnraum: unendliche Weiten. Wir schreiben das Jahr 2003, in den Polstergebirgen nisten sich ungestört außerirdische Motten ein. Zernagen, was die Familie in Jahren nicht verschleißen konnte. Die gähnend leere Röhre des Fernsehers, ganz ohne Sendung mit der Maus oder BRAVO-Hitparade, die hohle Hülle des Medienzeitalters, *the medium is the message*.

Dahinter der Ficusdschungel, undurchdringlich, wohlgedüngt, alles überwuchernd. Wer, wenn nicht die Kinder, gebietet ihm Einhalt? Ich kämpfe mich durch zur Terrassentür.

Terrasse – Schnittstelle zur kalten, gnadenlosen Welt da draußen. Eisige Winde überstreichen deinen ewigen Waschbeton, Karawanen überqueren dich. Ich wusste gar nicht, dass Ameisen so groß werden können. Es muss was dran sein an dem allmählichen Schrumpfen im Alter. Aber kann man das noch allmählich nennen?

Nach wochenlanger Reise durch die Graswälder der Wiese erreiche ich einen aufragenden, metallisch blinkenden Gegenstand. Was mag das sein? Herabklatschende

Riesentropfen erinnern mich. Der automatische Rasen-sprenger! Während ich fliehe und weiterschrumpfe und gerade über eine Bodenbakterie stolpere, ertönt von ir-gendwoher ein mächtiger Glockenklang. Es klingelt an der Haustür.

ZOOOM! erreiche ich meine alte Größe wieder. Mit ein paar Schritten bin ich am Eingang. Es ist Ilka, meine Tochter.

„Schön, dass du vorbeikommst! Das Haus ist ja so groß, wenn die Kinder fort sind …"

Frag doch Mutter!

Wenn man auf die 50 zugeht, kennt man sich aus. Als Alleinerziehende gleich gar. Frau muss sehen, dass sie up to date bleibt, um ihren Kindern Beratung in allen Lebensfragen bieten zu können – kein leichter Job. Denn, wie habe ich immer gepredigt? Man soll nicht über Dinge reden, von denen man nichts versteht. Wer keine Erfahrung hat, soll anderen keinen Rat andienen. Wenn du nicht Bescheid weißt – einfach mal die Klappe halten.

Was mache ich, wenn mein Junge fragt, ob 15-jährige Sex mit Gleichalterigen haben sollten? Wenn ich aus Erfahrung urteile, müsste ich sagen, ja, Junge, affengeil, mach das, Sex mit 15 ist das Allerschärfste. Da hebt sich die Schädeldecke und die Endorphine spielen Bingo. Aber genau das bringe ich nicht. Ich schwafele was von der Gefahr zu früher Erfahrungen und male das Schreckgespenst unheimlicher Erkrankungen an die Wand. Rückenmarkschwund und frühe Debilität verkneife ich mir gerade noch.

„Mmmh", meint mein Sohn abschließend und geht „zu Kai, Mathe pauken". So nennt man das jetzt.

So stehe ich jeden Tag da, hilflos, unerfahren und uninformiert.

Was mache ich, wenn der Sohn etwas über die Flätträt wissen will? Ich habe nicht die geringste Ahnung. Bauernschlau, wie ich bin, habe ich das Problem vertagt. „Keine Zeit jetzt, da reden wir morgen drüber! Ja?" Verzweifelt suche ich nach der Hotline-Nummer von t-online, während mein Sohn „bei Kai Mathe paukt", telefoniere mir die Ohrmuschel wund, kriege nach drei Stunden Wartezeit endlich den Hinweis „alles auf unserer Webpage!" Unglücklicherweise bittet mich meine Tochter quasi im selben Augenblick um Beratung zum Thema Ecstasy, ob das Zeug gefährlich sei, und ob ich nicht mal … ausprobieren könnte. Mein Verhältnis zu meinen Kindern ist halt sehr vertrauensvoll, und das möchte ich keinesfalls aufs Spiel setzen. Waren Sie als 45-jährige schon mal unter Stoff im Web? Geile Erfahrung, sag ich Ihnen! Alles so schön bunt, und hier flackert es und da … Schwamm drüber.

Angstvoll sehe ich in die Zukunft. Was mache ich, wenn meine Tochter Bungee springen will? Klar doch, Mutti macht mit, will ja mitreden können, verrenkt sich die ohnehin klapperigen Bandscheiben. Wie begleite ich das Informatikstudium meines Sohnes: C++ und Visual Basic bimse ich mir im Handumdrehen ein, zwischen Kühlschrankabtauen und Müllsortieren. Und was, wenn er dann plötzlich zur Ethnologie überschwenkt und Forschungsreisen machen will? Mutti ist dabei, steht mit Rat und Tat zur Seite, jettet auch mal schnell nach Nigeria zum Egungun oder nach Papua-Neuguinea in die Traumzeit. Kein Ehemann will versorgt sein, frau ist ja flexibel.

Dass meine Tochter Betriebswirtschaft wählt, kommt mir entgegen. Schließlich war ich mal als Einzelhandelskauffrau tätig. Gut, das ist alles ein bisschen anders, heutzutage, aber ich kann ja lernen. Aktiengeschäfte testen wir praktisch. Das Ersparte verzockt? Macht nichts, Lehrgeld, dazugelernt!

Aber es sind nicht die großen Fragestellungen und Aufgaben, die mich aufreiben. Mama, was macht man gegen Pickel? Das ist z.B. eine Frage, die mich fertigmacht. Klar, hat Mama was gegen Pickel, aus eigener Erfahrung, versteht sich. Und dann gehen die Pickel nicht weg. Klar, dass Mama noch ein zweites Mittelchen kennt. Aber Puste … äh, Streuselkuchen, die Pickel bleiben. Erst Mittel 3 schlägt an – Gottseidank! – oder rettet einfach der Lauf der Zeit Mutters Autorität und die Pickel gehen von allein weg?

Mama, soll ich mir die Haare kurz schneiden lassen? Alle haben jetzt kurze Haare, und ich sehe so doof aus.

Mama, mein Make-up sieht echt Scheiße aus! Blauer Lidschatten zu knallrotem Lippenstift und einem Rouge, das eher grün wirkt, das muss ja in die Hose gehen. Kosmetische Beratungen mach ich mit links.

Mama, meine Schuhe sind out, alle anderen tragen diese neue Klumpfuß-Mode! Da ist Überzeugungsarbeit zu leisten, Alltagskram. Qualität zählt, nicht der äußere Schein ...

Mama, meine Baggypants sind eingelaufen und sehen aus wie Bermudas – kaufst du mir neue? Das ist noch einfach zu lösen, geht aber mächtig an den Geldbeutel.

Mama, soll ich mit Lisa zur Fete gehen oder mit Tina? Welche findest du denn netter? Ja, ich weiß nicht, eigentlich mag ich beide ... Das kann dauern, da braucht es schon ein, zwei Sitzungen. Aber als Beziehungsberaterin bin ich spitze.

Und dann irgendwann die Frage aller Fragen: Mama, kannst du mich denn nicht mal irgend etwas allein machen lassen?
Was mache ich, wenn mich keiner mehr braucht? Hilfe, wer kann mir mit Rat und Tat zur Seite stehen?

Bin ich pervers?

Herr Doktor, ich hab ein echtes Problem: Ich begehre meine Frau. Ich find sie wirklich affenscharf, äh … ich meine, ich könnte …, na ja, auch gefühlsmäßig. Ganz wie am ersten Tag. Damals nach der Tanzstunde, im Stadtpark hinter der Plakatwand. Morgens beim Frühstück fängt das schon an. Wenn ich in ihre Augen seh, werd ich zum Tier. Ich bin drei Mal zu spät gekommen diese Woche. Was mein Chef dazu gesagt hat? Nichts, ich bin der Chef. Aber meine Sekretärin hat 'n Flunsch gezogen und mich sicher im Stillen verdächtigt.

Ob ich einen Hang zu Putzkitteln und Gummihandschuhen habe? Nein, bisher ist kein Fall von Ökotrophophilie in unserer Familie bekannt. Mein Onkel hatte mal etwas mit einer Raumpflegerin, aber die war nicht im Dienst. Nein, auch sonst nichts Ungewöhnliches. Normale Zustände: Alles ging seinen gewöhnlichen Gang. Die Ehe ist gut 20 Jahre alt, sie hatte ihre wechselnden Tennislehrer, ich immer frische Praktikantinnen in der

Firma. Alltägliches Eheleben eben. Und so machen es auch alle unsere Freunde.

Ja, das Verhältnis zu meiner Sekretärin ist soweit in Ordnung. Einmal die Woche Sex, Routine. Na ja, sie ist eine attraktive Frau, aber Sie wissen ja, wie das ist. Wenn sowas erst einmal zur Pflichtveranstaltung geworden ist …

Noch hat sie nichts gemerkt. Klar, hat sie mich mal verdächtigt, und einmal hat sie mir sogar in der Betriebsversammlung ins Gesicht gesagt: „Du hast was mit deiner Frau, du perverses Schwein!" So schlimm war das nicht, seither halten mich alle für einen Frauenhelden und Aufreißer, und das ist ja gut fürs Image. Nein, eigentlich war alles in Butter.

Bis neulich abends. Da hat mich meine Frau so komisch angesehen. Meine Frau, die kann einen ansehen, da wird einem ganz anders. Na ja, und da ist mir dann auch ganz anders geworden und wir sind im Bett gelandet. Obwohl ich eigentlich gar nicht wollte. Drei Mal. In unserem Alter. Bei voller Beleuchtung. Nackt. Und dann auch noch mit dem Ehegatten! Pervers!

Das Schlimmste ist: Nicht nur ich bin scharf auf sie. Meine Frau findet mich genauso scharf! Sie leckt mir abends im Bett Liebesperlen aus dem Bauchnabel. Nennt mit Schnürzelchen, und ihre Küsse könnten Edelstahl schmelzen. So etwas macht man doch nicht mehr in unserem Alter! Wenn das die Nachbarn mitkriegen, können wir umziehen. Erst gestern traf ich unseren Nachbarn zur

Linken, einen arbeitslosen Golflehrer, mit seiner Zweit-geliebten. Der hält dermaßen auf Etikette! Mustergültiger Normhaushalt. Mit seiner Frau redet der beim Frühstück nur telefonisch über den Scheidungsanwalt. Dagegen wir? Liegen morgens stundenlang in den Betten, gackern wie die verliebten Hühner. Unsere Kinder sehen uns schon an wie Außerirdische, und der Jüngste hat neulich sogar „Papa, du Ferkel!" zu mir gesagt. Seine ältere Schwester findet uns uncool. Als ob ich mir als Beamter der mittleren Laufbahn nicht wie jedermann ein anständiges Verhältnis oder wenigstens eine Teilzeitgeliebte leisten könnte.

Gut, ich habe seither so meine Versuche gemacht, hier ein wenig rumgebaggert, der eine oder andere One-Night-Stand oder auch mal 'ne Woche. Die Erste roch aus dem Mund, die Zweite war komplett nymphoman, und die Dritte wollte ein Bratkartoffelverhältnis. Nur – ich hasse Bratkartoffeln. Nein, keine Kritik, die Damen waren alle spitze und echt affengeil, aber mit keiner bin ich warm geworden. Auf jeden Fall nicht so warm wie mit meiner Frau.

Das kann doch nicht normal sein, Herr Doktor, wenn Ehegatten plötzlich wieder dermaßen Bock aufeinander kriegen? Sehen Sie! Sie meinen, wir müssten das behandeln? Aversionstherapie. Elektroschocks. Psychopharmaka. So schlimm ist es?

Mit 50 werde ich Maler

Fünfundvierzig. Fünf-und-vierzig. Das muss man sich mal auf der Zunge zergehen lassen. Vier Jahrzehnte, und noch volle fünf Jahre dazu. Gelebt, Erfahrungen gesammelt, alles ausgekostet. Oder? So fragte ich mich am Morgen meines 45. Geburtstages beim Blick in den Spiegel. Ein volles Ja war auf jeden Fall nicht die Antwort. Leider. Nein, ich hatte so manches verschoben, die eine oder andere Gelegenheit ergriffen, aber auch so manche ausgelassen. Aus Bequemlichkeit oder aus Angst. Ich hatte eben ein durchschnittliches, ganz alltägliches Leben gelebt. Damit war ich alles in allem zufrieden. Oder eben doch nicht?

Tief im Innern meiner Seele lebte er noch immer, der alte Traum. Bis zur Lebensmitte richtig ranklotzen, Kohle anhäufen und dann einen Gang runterschalten. Mein eigenes Leben leben.

Mit 50 werde ich Rockstar. Oder Maler, so hatte ich noch gestern abend im Scherz zu Helga gesagt. Jetzt reiß

ich das Ruder rum und mache alles richtig. Lebe gesund. Mache nur noch, was mir passt. Höchste Zeit war es dafür. Von nun an keine Termine, keine Kompromisse mehr wegen der Kohle.

Obwohl: Mit der Kohle ist es ja nicht ganz so gelaufen wie geplant. Gut, mir geht es nicht schlecht, aber das Konto könnte hinten durchaus eine Null mehr haben, vor dem Komma. Aber da war das Haus, der Wagen, und dann kamen die Kinder. Etwas einschränken müsste ich mich schon …

Andererseits sind die Ansprüche gewachsen mit der Zeit. Man ist einen gewissen Standard gewöhnt. Gutes Hotel im Urlaub, Sechszylinder, Designerklamotten. Ob ich darauf verzichten könnte? Mal durchdenken: Wie sähe denn so ein Tag im neuen kompromisslosen Leben aus? Ich schaffe mir mal 'ne Ausgangssituation: Ich bin Maler und lebe hier mit Helga in diesem Haus. Das genügt. Alles andere kann neu und anders werden. Nehmen wir mal an …

Morgens penn ich bis elf. Das habe ich verdient, denn schließlich habe ich bis tief in die Nacht hinein die abendländische Kultur um bedeutende Meisterwerke bereichert. Da darf ich schon mal ausschlafen. Mein Gewissen möchte sich am liebsten einmischen, entscheidet sich aber, die Klappe zu halten. Es hätte ohnehin keine Chance gegen mein Genie.

Das könnte mein regelmäßiger Lebensrhythmus werden. Später, wenn ich berühmt bin, lege ich die Käuftermine immer auf den Nachmittag oder Abend, das passt gut, weil die exzentrischen amerikanischen Milliardäre, die meine Werke kaufen, wegen des Jetlags ohnehin erst zu dieser Tageszeit anreisen.

Das Joggen lass ich ausfallen, hat mich früher ohnehin immer genervt. Dann frühstücke ich mit Helga. Ach nee, die ist ja längst im Büro … Na gut, dann frühstücke ich allein und guck mir dabei bescheuerte amerikanische Zeichentrickserien im Frühstücksfernsehen an wie früher mit den Kindern. Ach nee, zuerst muss ich mir ja Kaffee kochen. Die Haushaltshilfe mussten wir ja aus Sparsamkeitsgründen entlassen. Nach meinem Durchbruch werde ich eine Köchin, einen Butler und einen Gärtner einstellen. Und überaus aufwendige Fingerringe tragen. So machen das exzentrische Künstler. So, den Kaffee habe ich auf die Reihe gekriegt, und ein hartes Brötchen habe ich mir auch geschmiert. Es kann losgehen mit den bescheuerten amerikanischen Zeichentrickserien. Oha, zu Ende, schon zwölf. Talkshows. Nichts als Talkshows. Na, dann eben Talkshow. „Bärbel", „Viviane", „Hildegard". Na, dann schon lieber „Wespe". Dabei döse ich vermutlich noch etwas ein.

„Du fauler Sack!", höre ich mein Gewissen sagen. „So hast du dir also dein neues Leben vorgestellt?" Ich antworte cool (mit 45 weiß man, wie man mit seinem Gewissen umgeht): „Halt's Maul, Gewissen! Im Hinterkopf warte ich natürlich auf meinen nächsten kreativen Schub. Davon hast du Krämerseele keine Ahnung!" Na bitte, das Gewissen schweigt. Was man von den

Talkshowgästen nicht sagen kann. Einschläfernd … Ups, schon halb vier? Unangenehm, so am helllichten Tag aufzuwachen. Ebenso unangenehm wie das Hungergefühl. Statt ungeheuer neuen malerischen Kompositionen schwebt ein Wiener Schnitzel vor meinem geistigen Auge, schön goldbraun und knusprig wie in der Kantine. Dazu Rosenkohl nature und Petersilienkartoffeln mit Sauce Bernaise. Ich krieg die Krise. Wo krieg ich jetzt was zu Essen her?

„Werd doch endlich mal kreativ und koch dir selber was", höre ich mein Gewissen sagen. „Wolltest du dich nicht immer mit dem Wesen deiner Nahrungsmittel auseinandersetzen, sie fühlen, riechen, schmecken und so auf ganz natürliche Weise zu einer kalorienarmen, gesunden Ernährung finden?"

„Untersteh dich!", höre ich meinen Magen sagen. „Jetzt werden hier keine Drei-Sterne-Brutzelorgien abgehalten! Ich brauche Stoff! Fastfood! Und zwar so schnell es geht!" Ob bei Malern eine direkte Verbindung zwischen Magen und Wählfinger besteht? Meine rechte Hand jedenfalls tanzt atemberaubend schnell über das Tastenfeld des Telefons.

„Drei Pizza gigante!", höre ich mich sagen. „Mit Anchovis, Kapern und Sardellen!"

Maler sollen ja ungeheuer direkte, spontane und triebhafte Menschen sein. Falle ich deshalb wie ein Raubtier über die Mafiatorten her oder ist es der Hunger? Der billige Rotwein geht rein wie ein Zäpfchen. Da, die Inspiration! Auf dem Deckel der Pizzapackung, Komposition 23, Trance in Rot, wird in meinem Gesamtwerke-verzeichnis stehen. Ich begebe mich ins Atelier, mische Farben an, male auf der Pappe wie besessen. Rausch-haft. Exzessiv. So habe ich mir Leben vorgestellt! Oder ist es nur der Rotwein?

Nach dem Entwurf die Ausführung. Wilde Spiralen in Rot und Orange auf der frischen Leinwand. Alles dreht sich, meine Hirnzellen tanzen Samba, oder ist es eine Ter-pentinallergie?

„Schmier doch nicht immer so ekelhaft rum!", mahnt mein Gewissen als Fratze auf der Leinwand. Ich übermale es einfach mit einem breiten Pinselstrich. Ich vertiefe mich in mein eigenes Werk, falle in Trance.

„Hallo!", sagt Helga, wie nur sie Hallo! sagen kann. Sie ist aus dem Büro zurück. „Was machst du denn da?"

„Man nennt es schöpferischen Rausch!", entgegne ich kühl. „Es ist eines meiner bedeutendsten Werke!"

„Die Kopie eines beschmierten Pizzadeckels in Öl?" Sie überlegt. „Vielleicht hast du Recht. Bei Warhol waren es Suppendosen und Man Ray hat mal ein komplettes Scheißhaus zum Kunstwerk erklärt oder so und Joseph Beuys hat …"

Ich habe Recht. Eben klingelt es an der Haustür, und ein bedeutender Galerist, der beim Vorüberfahren mit seinem handgefertigten Kohlefaserrennrad einen Blick durch mein Atelierfenster erhaschen konnte, tritt ein.

„Meister!", spricht er mich an. „Dass ich das noch erleben darf. Ich kaufe es, zu jedem Preis!"

„Es ist unverkäuflich!", sage ich kategorisch. „Es ist noch unreif, unfertig, unerträglich!" Ich breche in Tränen aus, Helga stützt mich. Außerdem ist mir dermaßen schlecht … Wieder dreht sich alles, ich falle, überschlage mich, stürze … Draußen höre ich einen Schuss. Der Galerist hat sich entleibt.

„Mensch, Alter, wach auf!" Es ist Helga. Verdammt, ich bin schon wieder bei ASPEKTE eingepennt. Furchtbarer Alptraum. Ich fühle mich wie gerädert.

„Das alte Lied. Kultursendungen bekommen dir nicht. War es wieder derselbe Traum?"

Ich nicke stumm. Sie nimmt mich in den Arm. „Ach, Alterchen, ein Glück, dass du im wahren Leben Finanzbeamter bist!"

Nichts Neues unter der Sonne

Wer das Pech hat, halbwüchsige Kinder zu besitzen, kann zwei elektrische Geräte im Haus aus seiner Nutzungsliste streichen – das Telefon und den Fernseher. So geht es mir, Mira Bellmann, von meinem Mann und meinen Kindern liebevoll „Mirabelle" genannt.

Das „liebevoll" hindert die lieben Kleinen, meinen Sohn Jens (16) und meine Tochter Verena (18), keineswegs daran, mir wieder einmal den Fernsehabend zu versauen. Schlaff wie Kartoffelsäcke hängen sie vor der Glotze und fiebern bei einer drittklassigen Teeny-Comedy mit.

„Willst du etwa fernsehen, Mama?", fragt Verena scheinheilig.

Was, wenn ich jetzt Ja! sagen würde? Meine Seele lechzt förmlich nach 90 Minuten Entspannung bei Rosamunde Pilchers „Softporno für Mutti", wie mein Sohn Jens diese Art Sendung so nett nennt. Sie würden mir dermaßen die Ohren volljammern, dass ich vor lauter Schuldgefühlen keinen Spaß mehr dran hätte. Also ergreife ich die

Flucht nach vorn: „Ach, Fernsehen! Da bin ich drüber weg! Mit 48 hat man ohnehin schon jeden Film dreimal gesehen!"

Mein Satz schlägt ein wie der Blitz in einen Fotoautomaten.

„Was? Du willst sagen, dass du jeden Film kennst, der im Fernsehen ausgestrahlt wird?"

„Fast jeden", füge ich bescheiden hinzu. „Bis auf die Neuproduktionen natürlich!"

„Niemals!", behauptet jetzt Verena. Sie ist richtig aufgebracht.

„Warte, warte ..." Jens sucht fieberhaft nach der Programmzeitschrift. „Das musst du mir beweisen!"

Er blättert, Verena schaut ganz aufgeregt mit ihm ins Blatt. „Hier, heute abend 21.30 Uhr. ‚Wo, bitte, geht's nach Hollywood?'"

„Komödie, USA, so etwa 1978 ...", höre ich mich sagen. „Spielt 1941 – kurz nach Pearl Harbour: Vor Kalifornien taucht ein japanisches U-Boot auf. Und John Belushi installiert Abwehrraketen in seinem Vorgarten. Slapstick-Komödie von Steven Spielberg! Einer meiner Lieblingsfilme!"

„Booh!", bringt Jens nur noch hervor. „Mama! Du bist ja echt cool drauf!"

Verena ist skeptischer. „Das war Zufall! Hier, den kennt sie bestimmt nicht: 0.45 Uhr – VOX – ‚Fahrstuhl des Grauens'."

Was für ein Glück, dass ich heute morgen den Spielfilmteil so gründlich studiert habe! „Horrorfilm, frühe Achtziger Jahre. Ein Lift mit Biochip rastet aus und wird zur Killermaschine. So einen Quatsch hat sich euer Vater früher immer angesehen, als er noch ins Kino ging."

„Nee, das ist nicht wahr!", klagt Jens. „Sie blickt das auch!"

„Jens, du Dumpfbacke! Das hat die sich heute morgen alles in der Programmzeitung reingezogen, beim Frühstück!", enttarnt mich Verena. „Geh mal 'n paar Tage vor!"

Oha, jetzt haben sie mich, befürchtete ich schon. Vielleicht habe ich Glück, hoffe ich noch und harre der Dinge …

„Hier", triumphiert Jens. „Den kennt sie nie!"

„Oh ja, 'n Krimi!", jubelt Verena. „,Der Gorilla von Soho'!"

Den kenn ich! Welch irre Gunst des Schicksals! „Edgar Wallace, 1968", erkläre ich cool. „Krimi der Extraklasse. Reicher Wohltäter wird tot in der Themse gefunden, und der Verdacht fällt …"

„Ja, ja, ja, is ja gut!", winkt Jens ab. „Den hast du also auch gesehen?"

„Genau, und mit diesem Film hat es eine besondere Bewandtnis. Als ich mit eurem Vater 1969 im Roxy-Lichtspieltheater saß …"

„… hab ich sie zum ersten Mal geküsst!", führt mein Mann, der eben ins Zimmer getreten ist, den Satz weiter. „Der beste Film meines Lebens!"

„Sag mal, Erzeuger", fragt Jens nun seinen Vater über mich aus. „Wusstest du, das deine Frau sich in Spielfilmen irre gut auskennt?"

„Ist das so?", staunt mein Mann. „Mir kann sie alles erzählen. Ich hab nicht die geringste Ahnung von Spielfilmen! Dafür ist Mutters Lieblings-Fußballklub Schalke 05!"

„He, he!", höre ich mich protestieren. „Ich weiß sogar, wann der Schiedsrichter abseits steht!"

„Lass es lieber!", bremst mich mein Gatte, bevor ich mich völlig in unbekannte Bundesliga-Regionen versteige. „Lass mal hören, was du so drauf hast, Spielfilmmäßig!"

„Na, dann pass mal auf, Papa!" Jens blättert wieder in der Programmzeitschrift.

„Kennst du den, Mama: ‚Die um Gnade winseln'?"

Ich überlege fieberhaft. „Italowestern 1966!", sage ich dann leichthin, in der Hoffnung, nicht ganz daneben zu liegen.

„1965!", triumphiert Jens. „Aber nicht schlecht, gar nicht schlecht!"

„Muss ich jetzt um Gnade winseln oder darf ich …"

Verena zieht ihren Flunsch. „Das ist ja zu ätzend! Meine Mutter ist reif für die Quiz-Show!"

Sie reicht mir gnädig die Fernbedienung. „Ich hab ja eh

verpasst, was in unserem Film gelaufen ist. Da steig ich nicht mehr ein!"

Alle drei trollen sich, verschwinden irgendwo im Haus. Ich begreife mein Glück nicht. Ich sitze plötzlich allein im Wohnzimmer, habe den Fernseher für mich, kann in irischen Landschaften schwelgen und von hochgewachsenen, glutäugigen, überaus edlen, distinguierten Herren träumen! Schade, dass dieser Trick nur einmal funktioniert.

Für sein Alter ...

... sieht er noch recht gut aus. Geht Ihnen dieser Satz nicht runter wie Öl? Nicht nur die Frau in der reifen Jugend – auch der Mann an die 50 muss ein wenig auf sein Äußeres achten.

Nicht, dass ich in den Strudel der Kosmetikindustrie geraten wäre – bewahre! Aber auf das eine oder andere kleine Hilfsmittel möchte ich natürlich nicht mehr verzichten. Und es gibt da einen anderen Aspekt, den man(n) nicht unterschätzen sollte, und der ist kommunikativer Art. Was redet man(n) nach 20 Jahren Ehe noch mit seiner Frau?

Früher lief das bei uns in etwa so:

Montag: gemeinsames Schweigen vor dem Fernseher.

Dienstag: dito.

Mittwoch: Meine Frau sagt: „Du, Tante Elsa hat geschrieben." Ich antworte: „So?"

Donnerstag: Ich bin beim Stammtisch, meine Frau ist beim Jazztanz. Um 23.00 Uhr treffen wir uns zu

Hause. Sie sagt: „Na, wie war es?" Ich antworte: „Wie immer. Und selbst?" Sie antwortet: „Anstrengend, aber gut."

Freitag: gemeinsames Schweigen vor dem Fernseher.

Samstag: Sie meint: „Der Gottschalk wird aber auch immer schlechter." Ich entgegne: „Deshalb sind seine Klamotten ja auch immer abgefahrener."

Sonntag: gemeinsames Schweigen vor dem Fernseher.

Heute ist das ganz anders. Es gibt Gesprächsstoff ohne Ende. Nehmen wir nur einmal die gestrige Schlafzimmerszene vor dem Spiegel – das lief etwa so:

Ich: „Du, Schatz, die neue Cremeseife von Doof ist dermaßen cremig … Meine Orangenhaut im Oberschenkelbereich wird doch glatt um sieben Prozent glatter!"

Sie: „Meinst du? Ich nehme lieber die neue vitalisierende Feuchtigkeitslotion von Eve St. Closett. Die zieht dermaßen schnell ein und fettet überhaupt nicht nach…"

Ich: „Apropos Fett: Hast du mal die neue Algenseife aus dem Haus Hatamutu probiert? Die reduziert Fettansammlungen im Handumdrehen!"

Sie: „Das ist ja wohl mehr dein Problem, und da solltest du dich besser einem Schönheitschirurgen anvertrauen. Ich für mein Teil muss mehr etwas gegen meine glänzende Gesichtshaut im Bereich der Wangenknochen tun!"

Ich: „Da bist du bestens mit dem mattierenden Tagesfluid von Calvin Gross beraten. Ein leichtes, zart schmelzendes Fluid, das zugleich UVA- und UVB-Filter enthält, und vor freien Radikalen schützt!"

Sie: „Oh, Gott! Freie Radikale! Gibt es die denn überhaupt noch? Ich dachte, das sei vorbei mit Baader-Meinhof … Und dass eine Creme dagegen schützen kann – erstaunlich!"

Ich: „Aber nicht doch, Dummerchen! Das sind ungesättigte Moleküle, die deine Haut oxidieren, austrocknen, abschälen, auf jeden Fall schneller altern lassen …"

Sie: „Himmel! Gleich morgen bestelle ich die Drei-Kilo-Kosmetikstudio-Großpackung! Du, aber was ich dir noch sagen wollte … so unter vier Augen …"

(Ha! Bemerken Sie das, diese Vertrautheit und Intimität? So etwas gibt es sonst nur unter Freundinnen! Unter Ehegatten herrscht eher so eine Art kalter Geschlechterkrieg.)

Sie fährt fort: „Dein Deo … die Duftnote passt einfach nicht zu deiner Persönlichkeit. Und auch nicht zu deinem Parfum…"

Ich: „Du meinst …"

Sie: „‚Cool Water' von Davidoff und ‚Neblina' von Yves Rocher – das geht einfach nicht!"

Ich: „Mmmh, du magst Recht haben … Vielleicht sollte ich lieber ‚Eau de Rochas' wählen …"

So geht das stundenlang. Wir sitzen vor dem Spiegel

und fachsimpeln. Ich schöpfe aus ihrem reichlichen Repertoire an kosmetischem Wissen und erwerbe die neuesten Kenntnisse, die ich auch anderenorts sinnvoll einsetzen kann.

Neulich kam zum Beispiel mein Chef ins Büro und trug Lidschatten in Prune Sauvage zu Lippenstift in Beige Sahara! Und das vor der wichtigen Konferenz mit den Japanern!

„Unmöglich Chef, halt!", rief ich gerade noch rechtzeitig und zog ihn zu mir in mein Schminkzimmer. „Das können Sie doch nicht machen!"

Ich zog meinen Maskarastift hervor und korrigierte die Angelegenheit blitzschnell. Dazu noch ein Hauch von meinem neuen Eau de Toilette namens ‚Success' und die Sache war geritzt.

Der Vertrag mit den Japanern kam unter Dach und Fach, und der Kommissionsleiter aus Tokio schreibt meinem Chef noch heute Liebesbriefe.

„Forstkötter", sagte mein Chef nachher zu mir: „Sie haben mich da vor einer großen Peinlichkeit bewahrt! Ab heute leiten Sie das firmeneigene Kosmetikstudio!"

So kam es, dass ich den Sprung aus dem mittleren Management ganz nach oben schaffte – *directeur cosmetique.* Und hier kann ich endlich meine kreativen Ideen verwirklichen. Mir verdankt die Firma z.B. das innovative Duftorientierungssystem „After Check". Jeder Mitarbeiter ist anhand seines Aftershaves einer bestimmten Abteilung zuzuordnen. Der Vertrieb trägt „Axe", der Einkauf „Adidas",

das Management „Boss" und die Marketingabteilung „Rich & Famous". Und jeden Morgen muss jeder Mitarbeiter seine Duftmarke erneu... Aber das führt jetzt zu weit.

Nein, wirklich, es hat schon seine Vorteile, ein wenig über Körperpflege und Kosmetik Bescheid zu wissen.

Mom's neues Auto

„Acht Jahre bin ich mit der alten Kiste rumgefahren!", schimpft meine Mutter (46), genannt Mom, auf ihren Kadett (14, museumsreif), dem mal gerade wieder die Zylinderkopfdichtung durchgebrannt ist.

Geld haben wir genug, Daddy schafft die Asche haufenweise ran, aber irgendwie sind meine Eltern manchmal ganz schön geizig.

„Ich will 'nen Neuen!" Daddy hat was gehört, lässt die Zeitung sinken und guckt verdattert.

„Was ist? Geht es um mich?"

„Das wäre auch noch zu überlegen", entgegnet Mom trocken, lächelt dann aber glücklicherweise versöhnend. „Ich brauch ein neues Auto, Karlheinz!", fordert sie. „Sofort!"

Daddy heißt Karlheinz – ist das nicht ätzend?

Vorbei ist die Zeit, als der Ehemacho seine Frau hin und wieder hat fahren lassen! Obwohl fahren lassen zeitweise die Lieblingstätigkeit von Machos war. Muss schon ein geiles Gefühl gewesen sein, Mutti bibbernd vor Angst ans Lenkrad geklammert, daneben Vati, automobil unheimlich erfahren, alles im Griff.

„Ja, gut machst du das!", lobte er die lenkende Ehefrau wie einen gefügigen Karrengaul. „Brav, jetzt nach links schauen, äh … ich meine rechts … Vorsicht! Etwas anbremsen, nein, Gas! Mehr Gas – zu viel, du fliegst aus der Kurve! Aaah … Crash! Pow! Katastrophe! Wenn ich dich schon mal fahren lasse!" Sie kennen das ja.

Heute kann Daddy froh sein, wenn er mal fahren darf – den Rasenmäher! Denn Mom klemmt sich bei jeder Gelegenheit hinters Steuer.

„Du fährst beruflich genug!", nimmt sie Daddy dann den Wind aus den Segeln, bevor er überhaupt motzen kann.

„Aber Britta! Nimm doch meinen Volvo und ich hol mir …", versucht es Daddy. Mom heißt Britta – klar, dass ich sie lieber Mom nenne, oder?

„Und du kaufst dir 'nen Neuen, was? Vergiss es!", kontert Mom. „Den sperrigen Schrotthaufen kannst du behalten! Ich will 'nen Neuen! Schick, schnell und mit aktiven Sicherheitsreserven!"

„Hört sich teuer an", meint Daddy besorgt. „Nimm doch so 'nen Kleinbus oder einen von diesen französischen Winzlingen auf Leasing. 99 Mark im Monat."

Wo hat denn Mom plötzlich die Prospekte her? Hat sie diese Szene etwa von langer Hand geplant?

„Der hier wäre es. Und genug Platz zum Einkaufen hat er auch!"

Daddy sieht aus, als ob er gleich austickt.

„BMW?", stöhnt er gequält. „Z3 Coupé? 'N Sportwagen?"

„Warum nicht?", meint Mom.

„Und sechzigtausend!", haucht er mit tonloser Stimme. „Für 'n Frauenauto?" Oha, Fettnäpfchen!

„Was soll denn das jetzt heißen, Alter?", Mom platzt gleich. „Das ist ein preiswerter Vorführwagen! Und hast du etwa was gegen Frauen am Steuer?"

„Drei Liter! PS ohne Ende! Was willst du denn damit?" Daddys Weltbild wankt. „Und erst die Umweltverschmutzung!"

„Na, was schon? Fahren!" Sie schüttelt verärgert den Kopf. „Das mit der Umwelt – schwacher Versuch! Schadstoffarm – neueste EG-Norm! Und fährst du etwa deine Kilowatt ständig aus?"

„Ach, das ist doch wohl was ganz anderes!", schimpft Daddy. „Schließlich ist der Volvo doch unsere Familienkutsche! Und wie sähe das denn aus – ich in 'nem Kleinwagen?"

„Was kann ich dazu, dass du jedes Jahr zwei Kilo zulegst?"

Mom hat wieder die zuckende Augenbraue – jetzt weiß Daddy, ein Wort zuviel, und sie zieht wieder für drei Wochen zu ihrer Schwester nach Winsen an der Luhe. Er zögert, es arbeitet in ihm. Wird er einlenken?

„Tut es nicht auch ein Golf TDI oder ein Astra Kombi?", winselt er um Gnade. „Schicke Autos! Ich mein – auch wegen des Geldes …"

„Wenn ich mal was haben will!"

Gleich ist es soweit.

„Aber du mit deiner Stereoanlage – sechzehntausend Mark – für Boxen! Und außerdem wird nächsten Monat der Bausparvertrag fällig!"

„Davon wollte ich doch …"

Oha, noch ein Fettnäpfchen! Daddy beißt sich auf die Lippen.

„Ich weiß, dein Jugendtraum, und Männer brauchen Spielzeug und 'ne Harley ist ja auch 'ne Geldanlage …", äfft Mom den einzigen Mann nach, den sie geheiratet hat und den sie sonst eigentlich ganz gern hat.

„Darf ich auch mal was sagen?", versuche ich die Gelegenheit zu nutzen. „Da könnte ich doch auch 'nen Roller …"

„Nein!" bekomme ich stereo zur Antwort, da sind sie sich einig. Jetzt ist dicke Luft in der Hütte. Ich ziehe es vor, in meinem Zimmer abzuwarten. Den ganzen Abend lang Ingmar Bergman – „Das Schweigen."

Dann am Morgen geht Daddy als Erster aus dem Haus – ohne Frühstück.

„Der hat heute Urlaub genommen, ich hab es eben gehört, als er mit dem Boss telefonierte. Das hat was zu bedeuten", murmelt Mom, „wenn der nur keinen Scheiß baut!"

Das Frühstück will ihr nicht recht schmecken, sie guckt immer so komisch zum Telefon. Mir schmeckt es gut, aber ich mache aus Solidarität ein trauriges Gesicht. Die Minuten verrinnen, werden zu Stunden. Gegen Mittag ist Mom kurz vor der großen Krise.

„Ob ich mal in der Firma anrufe, was er da gesagt hat?", fragt sie sich. „Oder ob sein Bruder was weiß?"

Da ertönt lautes Motorengeräusch vor dem Haus. Ist das echt Daddy auf der Harley?

„Ach du Scheiße!", entfährt es Mom. Sie rennt aus der Haustür und baut sich vor Dad auf. „Was soll denn das jetzt heißen? Und musstest du diesen Desperado-Anzug gleich mitkaufen?"

Es stimmt, Daddy sieht in dem Lederdress mit Fransen ziemlich daneben aus. Trotzdem steigt er jetzt ganz lässig von der Low Rider und lächelt cool unter der Sonnenbrille. Noch cooler zieht er zwei Schlüssel aus der Hosentasche. Einer trägt ein blauweißes Emblem.

„Ich hab den Volvo in Zahlung gegeben, war doch recht so, oder?"

Mom strahlt – sie weiß genau, der Schlüssel gehört zu einem Z3 Coupé.

„Und der zweite?"

„Hier, Tochter, aber dass mir keine Klagen kommen. Es ist das Original!"

VESPA steht auf dem Schlüssel. Was für ein Glück, dass meine Eltern Kohle haben!

Mom schaut trotzdem zweifelnd. „Und wie kommst du jetzt morgens in die Firma?"

„Mit dem Fahrrad!", erklärt Daddy fest entschlossen. „Wegen der zwei Kilo! Und wenn es regnet, na ja, ich dachte, vielleicht leihst du mir dann den Z3 …"

„Aber nur bei guter Führung!"

Da, gestern noch Zoff in der Bude, schon knutschen sie wieder.

„Und wenn du diese geschmacklose Jacke zurückbringst! Ach, übrigens, Karlheinz, du weißt doch, dass ich den Führerschein Klasse 1 habe?"

Daddy seufzt – Männer haben es schwer in unseren Tagen.

Power auf Dauer ...

Kräfte können nachlassen. Was nicht gebraucht wird, rostet ein. Sagt sich so mancher und strebt in den Fitnesspalast. So auch Börsenmakler Karl Gottlieb von Wallersee, Mitte 40, und eigentlich noch ganz gut in Schuss. Aber er hat sich als Zentrum seiner Trainingsaktivitäten ausgerechnet eine der innerstädtischen Muckibuden ausgesucht, ein Fitnessstudio, in dem wahre Supermänner unglaubliche Eisengebirge stemmen und Frauen am Rande des Schönheitswahns das letzte Portiönchen Fett von den Rippen schwitzen. Und dann besucht er ausgerechnet das Midnight-Training, wo sich die Besten der Besten fitten. Er mitten dazwischen, zwar perfekt im Outfit, aber allenfalls durchschnittlich trainiert.

Was will der Mann hier? fragte sich so mancher. Ist er Masochist? Liebt er das Gefühl der Demütigung, jedes Mal, wenn er ein Gerät benutzt und die Gewichte neu einstellen muss – zurück von 380 Pfund auf 120? Wie hält er das psychisch nur aus, dass andere gut das Doppelte oder Dreifa-

che stemmen? Oder macht er es wie andere von der Natur wenig beglückte Mitmenschen in den anderen Kraftstudios – getürkte Trainingspläne mit falschen Leistungsangaben? Egal – unter solchen Muskelgebirgen kann es schon mal zu echtem Leistungsstress an der Powerdrink-Bar kommen.

Da – Holger am Oberarm-Beuger – schiere Kraft im Netzhemd. 440 Pfund, zwölf Mal locker hochgepusht, und nachher kommt er kaum ins Schnaufen. Was hat Karl Gottlieb dagegen zu bieten?

Jetzt der schöne Patrick an der Hantel – ein Bild von einem Mann in seinem viel zu knappen Strampelhöschen. 220 Pfund mit links, der gut geölte Bizeps schwillt zum Bersten. Karl Gottlieb sieht es – und lächelt sardonisch.

Der harte Horst mit dem zuckenden Bizeps. 60 Situps in einer Minute. Waschbrettbauch wie kein zweiter. Karl Gottlieb staunt geflissentlich.

Iron-Man-Sören. Täglich drei Stunden auf dem Rudergerät. Nackenmuskeln wie ein Stier. Oberarme wie andere Schenkel. Dazu dieses braungebrannte Grinsen. Karl Gottlieb lacht.

Nun auch noch die starke Steffi. Schmale Hüften, ein Kreuz wie ein Wallfahrtsort, die knackt mit den Arschbacken Nüsse. Eben stemmt sie 300 Pfund – nach zwei Stunden Step-Aerobic und 60 Kilometer auf dem Radsimulator. Karl Gottlieb staunt – und geht dennoch mit froher Erwartung in die Umkleide.

Denn jetzt kommt sein Moment, auf dem Parkplatz hinterm Studio. Nein, nicht was Sie wieder denken, kein Schmuddelsex hinterm Müllcontainer. Nein, alle besteigen jetzt ihre Fortbewegungsmittel.

Holger sein Kohlefaser-Mountainbike. Patrick seinen Ford Escort mit Spoiler und Schweller. Horst hat einen Mercedes mit Alufelgen. Sören schwingt sich auf seine 1-Liter-Suzuki. Geiles Geschoss. Giftig. Aber ein bisschen lästig an Regentagen. Nun Karl Gottlieb. Cool klettert er in seinen Porsche 911 GT3, 6-Zylinder-Boxer mit 221 kw, in 4,3 Sec auf 100. Und die starke Steffi? Die steigt zu Karl Gottlieb, und sie werden an diesem Abend noch so manche Nuss knacken …

Aber verdammt: Genau an dieser Stelle wacht Karl Gottlieb Meyer, Büroangestellter, jedes Mal auf.

Telefonitis

Frauen haben die Telefonitis. Statistisch besitzt jeder Bundesbürger 1,3 Telefonanschlüsse.

Das mag stimmen – nur für mich nicht. Zwar haben wir einen ISDN-Anschluss und verfügen somit über zwei Leitungen. Aber als Mutter dreier halbwüchsiger Kinder kann ich meine Nachrichten besser trommeln als durchtelefonieren. Mein Tag läuft fernmeldetechnisch etwa so ab:

6.30 Uhr – zu müde zum Telefonieren. Mein lieber Gatte muss zur Arbeit, die Kinder wollen aus dem Schlaf gerissen werden. Seltsam – je älter sie werden, desto schwieriger bekommt man sie morgens wach. Sonderwünsche beim Frühstück, Socken, die nicht passen, verlegte Hausaufgaben, kosmetische Krisen meiner Tochter. Der liebe Gatte hat einen Kater vom gestrigen Geschäftsessen, tigert durchs Haus wie ein Zombie und sucht Aspirin. Ob der mit dem Restalkohol überhaupt fahren darf?

8.oo Uhr – zu genervt zum Telefonieren. Endlich sind alle aus dem Haus. Ich breche auf dem Sofa zusammen, sehe „Praxis Dr. Buhmann" und versuche mich mit Unmengen von Kaffee wiederzubeleben.

8.45 Uhr – zu genervt zum Telefonieren. Unsere Nachbarin Elvira schaut mal kurz rein – „auf ein Tässchen Kaffee" – es werden zwei Kannen draus. Sie bemerkt zwar nicht, dass ich ihr nicht zuhöre, wäre aber sicher stinksauer, wenn ich zum Telefonhörer greifen und ihr dazwischenreden würde.

9.40 Uhr – zu beschäftigt zum Telefonieren. Ob ich wohl im Supermarkt telefonieren könnte, wenn ich ein Handy hätte? Dann brauchte ich allerdings ein Headset mit Freisprecheinrichtung, denn den vollen Einkaufswagen kann ich nicht mit einer Hand schieben.

10.45 Uhr – zu kaputt zum Telefonieren. Die Füße qualmen, im Kopf rotieren Sonderangebote. Und ich muss das Warengebirge noch einräumen. Der Kühlschrank tropft, das Aquarium stinkt. Betäube mich weiter mit Kaffee.

11.30 Uhr – zu beschäftigt zum Telefonieren. Hausputz, Wäsche, Bügeln.

12.00 Uhr – keine Zeit zum Telefonieren. Der Jüngste ist mit Bauchweh aus der Schule gekommen. Apokalyptisches Stöhnen, Höllengerüche. Ich tröste mir die Seele aus dem Leib. Nach einer donnernden Entladung geht es ihm besser – und er sofort online.

12.30 Uhr – erster Telefonversuch. „Verdammt, Jan, du sollst nicht immer Zweikanal-Surfen!" – „Aber Mama! Ich lade Software herunter! Das dauert sonst Stunden!"

13.00 Uhr – zweiter Telefonversuch. Besetzt. Ich plane ein geschicktes Manöver: Wenn ich jetzt riefe „Es gibt Essen! Spagetti Carbonara!", würde Jan sicher den Computer ausschalten, die Treppe runterhechten und sich wartend am Tisch postieren. Bis er merken würde, dass es nur ein Bluff war, hätte ich drei Minuten Zeit, um …

13.10 Uhr – Es klingelt. Tim kommt heim. *No call*.

13.30 Uhr – Jetzt sind wir komplett. Lina ist eben eingelaufen, hat die Krise wegen Tom, der süße Tom mag sie heute nicht. Sie heult drei Liter, und ich überlege ernsthaft, ob Tränen sich als Kochwasser für Spagetti eignen.

13.45 Uhr – Krise vorüber, alle Schmatzen wie die Schweine. So kann Erziehung in die Hose gehen. Jan kloppt sich zwischendurch mit Tim, Lina seufzt zwischen zwei Gabeln Spagetti sorgenvoll. Soll ich hungern und lieber telefonieren? Bei der Geräuschkulisse verstünde ich kein Wort.

14.15 Uhr – Tisch abgeräumt, Spülmaschine läuft. Dritter Telefonversuch – kein Kanal. Jetzt ist Tim online. Lina telefoniert mit Maddy. Es geht um Tom. Das kann dauern. Ich lese „Gerlinde" und träume von einem Land voller freier Telefonleitungen …

15.00 Uhr – uups, eingenickt. Doping mit kaltem Kaffee, danach Kuchenteig rühren. Thea kommt zum Kaffee. Noch dreißig Minuten Zeit. Vierter Telefonversuch. Kein Kanal. Lina telefoniert mit Sophia über Maddy und ihr Verhältnis zu Tom, Jan und Tim spielen online „Kommando Kill". Ich mische einen Cognac unter meinen Kaffee.

15.30 Uhr – Thea trabt an, laut wie immer. Bringt einen grauenvollen Blumenstrauß mit, Besenginster und Kriechender Günzel oder so ähnlich. Sie verbläst die letzten Neuigkeiten aus der Verwandtschaft. „Woher weißt du denn das?", frage ich sie, als sie von Vetter Theos neuer Liebschaft berichtet.

„Na, Gerda hat es mir erzählt, als wir gestern telefoniert haben!"

Ich werde grün vor Neid. Wie viele Cognacs passen eigentlich in eine Kaffeetasse, ohne dass der Kaffee wie Tee aussieht?

17.15 Uhr – Thea ist abgerauscht. Fühle mich leicht wie eine Feder. Nur die Zunge ist schwer wie Blei.

„Mama, ich begreif das nicht!"

Ausgerechnet jetzt kommt Jan mit Hausaufgaben, Integralrechnung.

„Das is doch gans einfach", erkläre ich mit müdem Dackelblick, „das Intelall von ..."

„Mama, du hast ja 'ne Fahne!"

Na und? Warum auch nicht? Wenn man nicht telefonieren kann, muss man eben Flaggensignale probieren. Apropos – kein Kanal. Lina telefoniert mit Tom – die Leitung glüht rosa. Tim ist online, Jan sauer. „Und wer macht jetzt meine Hausaufgaben? Zustände sind das hier!"

18.10 Uhr – mein Gatte kommt nach Hause.

„Namend!"

Oh, er scheint bester Laune zu sein, bemerkt meine Fahne nicht, weil er selber eine hat. „War was im Betrieb?"

„Nööö!", entgegnet er geistesabwesend. „Wasgipszunamend?"

19.30 Uhr – alle satt. Ich kämpfe mit Geschirr und Abfall. Telefonieren? Lina spricht mit Frauke über Tom, Maddy und Sophia und wen sie sonst noch kennen. Das kann dauern. Aber warum ist die andere Leitung besetzt? Ah, mein Gatte. Ich sehe sofort, dass er mit dem Chef telefoniert. Woran ich das erkenne? Er nimmt telefonisch Haltung an, lächelt gekünstelt und verbeugt sich wie ein balzender Pinguin. Lina schläft heute bei Anna. Sie will mit ihr über Tom, Maddy ... Ach, Sie wissen schon. Tasche packen, ab dafür ...

20.15 Uhr – „Emergency Room". Die Restfamilie hängt vor der Glotze. Ich auch. Würde es jetzt nie bis zum Telefon schaffen, auch mental nicht. Da leben, leiden und sterben sie für uns – und ich wende mich ab und gehe telefonieren? Niemals! Das könnte ich moralisch nicht verantworten.

22.25 Uhr – mein lieber Gatte liegt schon flach. Drei Bier, zwei Korn, die Tageszeitung. Mehr bringt er in der Woche nicht nach 22.00 Uhr. Ob ich bei dem Geschnarche telefonieren kann? Mal versuchen – ein Kanal ist frei!

Wen wollte ich eigentlich anrufen?

Die Konkurrenz ist hart

Eigentlich würde ich ja am liebsten in den Sack hauen. Den ganzen Kram hinschmeißen, irgendwohin in den Süden verschwinden, tagelang besoffen in der Strandkneipe rumhängen und den Mädchen in Bikinis nachgaffen. Als ich meinem Freund Thorsten davon erzählte, reagierte er ganz und gar nicht begeistert.

„Mann, Berti, jetzt lass hier aber mal nicht den Frührentner raus hängen! Wenn das im Betrieb die Runde macht, bist du im Arsch!"

„Und?", konterte ich. „Was soll ich machen? Ich bin jetzt 49, der Biss ist hin, ich muss den Tatsachen in die Augen sehen. Wenn ich es nicht bringe, muss ich die anderen vorbeiziehen lassen!"

„Dass du das so abgelascht angehst, Berti, hätt ich nicht gedacht. In deinem Alter kannst du doch noch mitmischen im Rattenrennen. Guck doch mich an! Achtundvierzig und kein bisschen müde!"

„Der ewige Trendsetter!", motzte ich zurück. „Immer die

angesagten Sprüche drauf, immer die hipsten Klamotten an! Was soll ich denn machen? Intrigen, Mobbing, linke Touren im Büro? So ein Typ wie der Neue da, dieser Dr. Drakelmann, der steckt mich doch mit links weg, kreativ, bildungsmäßig und organisatorisch!"

Thorsten kicherte unnatürlich, er erinnerte an einen Hamster, der ein Huhn imitiert.

„Dracula?" So nannten sie die neue Geheimwaffe der Betriebsleitung hinter vorgehaltener Hand. „Alles Show! Der abgefeimteste Blender, den ich kenne! Der ist dir keine Spur voraus!"

„Nur um fünfzehn Jahre Jugend und satte zwei Gehaltsklassen!", konterte ich. „Und der Schwiegersohn von Stadtrat Schleimer dazu!"

Thorsten schien irritiert, rannte zwei oder dreimal durchs ganze Zimmer, warf sich dann aufs Ledersofa und nahm seine klassische Grübelhaltung ein.

„Wir müssen dich aufbauen!", meinte er gedankenvoll. „Wir müssen dich innerbetrieblich nach vorn bringen! Ich arbeite dir heute nacht Image-mäßig was aus." Er kippte sich meinen Whiskey hinter die Binde, nahm sich zwei, drei von meinen besten Brasils und machte die Fliege.

Thorsten meinte es ernst. Am kommenden Morgen warf mich die Türklingel um 6.20 Uhr aus den tiefsten Südseeträumen. Ich stieß einige Bikinischönheiten ins Unterbewusstsein zurück und öffnete im Schlafanzug die Haustür. Thorsten zerrte mich auf die Straße wie der Henker einen Todeskandidaten aufs Schafott.

„Darf ich mich vielleicht ein wenig passender kleiden?",
beschwerte ich mich.

Er schob mich in den Hausflur und warf mir einen Trainingsanzug aus Fallschirmseide über, das einzige Klei-
dungsstück, das ich von Herzen hasse.

„Maßnahme 1: Jeden Morgen Jogging auf dem Firmen-
gelände!", befahl er. „Und zwar genau an der Fensterfront
der Geschäftsführung vorbei! Mindestens drei, besser vier
Runden um den ganzen Laden! So macht es Drakelmann
auch. Das wirkt aktiv und dynamisch. Danach Maßnahme 2: Tai Chi auf dem Flur vor dem Büro! Das symbolisiert
philosophischen Tiefgang."

„Und dann?"

„Das sehen wir später. Los jetzt!"

„Barfuß?", gab ich zu bedenken. „Und von hier aus? Es
sind fünf Kilometer bis zur Firma. Das schaff ich nie!"

Ich wusste es so genau von meinen untauglichen Versuchen, mit dem Rennrad zur Arbeit zu fahren.

„Schlaffer Sack!", wetterte Thorsten. „Ich fahr dich
hin."

Fast wäre ich auf dem Rücksitz von Thorstens BMW eingepennt. Einzig das Schnüren der endlos langen Schnür-
bänder meiner neuen Nike Air hielt mich wach. Am Fir-
menportal stoppte Thorsten den Wagen.

„Los, zisch ab, Berti! Ich warte hier! Versorgungsfahrzeug!"

Er winkte mit einer Flasche Isoton-Brühe, von deren Anblick allein sich mein nüchterner Magen umdrehte.

Aber ich joggte los, bog am Pförtnerhaus links ab und rannte hinter dem Lager am Firmenzaun entlang. Der Schäferhund des Nachtwächters, der gerade Feierabend (Feiermorgen?) hatte, setzte mir augenblicklich nach und sorgte für einen neuen deutschen Rekord. Mit den Schäferhunden von Nachtwächtern ist auch nicht mehr viel los heutzutage, denn bereits nach 50 Metern blieb das untrainierte Tier erschöpft liegen. Doch auch mir hing die Zunge aus dem Hals und ich hechelte. Was mir ziemlich falsch ausgelegt wurde, als ich, in Unkenntnis der genauen Funktionen der einzelnen Firmengebäude, am Duschraum der Produktionsarbeiterinnen vorbeizischte.

„Du Sau!" oder Ähnliches konnte ich in etwa sechs oder sieben zum Teil nicht einmal europäischen Sprachen vernehmen. Ein Pumps traf mich hart an der Schläfe. Kurz vor der Abzweigung zum Gebäude der Geschäftsführung war ich körperlich bereits am Ende. Aber ich raffte mich auf, versuchte meinen Schritten etwas Dynamisches, Federndes zu geben und passierte, medienreif lächelnd, die breite Glasfront. Drinnen vernahm ich zuerst einen spitzen Schrei, kurz darauf ein schweres Poltern. Froh, die einsehbare Wegstrecke hinter mir zu haben, warf ich mich in ein paar gnädige Rhododendren und starb.

Oder doch lieber nicht, denn der unmenschliche Willen Karriere zu machen, trieb mich weiter. Hinter der Werkskantine stieß ich gegen einen Mülleimer mit den übriggebliebenen Tortellini von gestern, hastete auf dem Mitarbeiterparkplatz zwischen den Autos hindurch und erreichte Thorsten und das Versorgungsfahrzeug. Die Isoton-Plörre verschwand in einem Zug hinter meinem Trinkknorpel.

„Ach du Scheiße!", sagte Thorsten und musterte mich ungläubig. „Wie willst du Runde 2 schaffen?"

Ein Müsliriegel gab mir Kraft, ich bog kauend wiederum am Pförtnerhaus links ab und rannte hinter dem Lager am Firmenzaun vorbei. Ich stolperte über den verendeten Schäferhund des Nachtwächters (Überanstrengung, das Tier, nicht der Mann), rappelte mich aber wieder auf und versuchte ohne zu hecheln den Duschraum der Produktionsarbeiterinnen zu passieren.

„Da ist das geile Schwein schon wieder!", lautete es nun in etwa sechs oder sieben zum Teil nicht einmal europäischen Sprachen.

Eine Sofortbildkamera klickte, ich war reif für Kündigung und Knast wegen sexueller Belästigung.

An der Abzweigung zum Gebäude der Geschäftsführung schrieb ich mein Testament auf ein Tempotaschentuch und hüpfte alsdann ohne jeden Atem und nahe der Bewusstlosigkeit dynamisch federnd an der breiten Glasfront vorbei. Drinnen vernahm ich diesmal Stille, gespenstische Stille, konnte aber das ans Fenster gedrückte Gesicht der Direktionssekretärin sehen, von Qualen verzerrt. Dann klatschte ich in den Rhododendron wie eine Reisetasche voller kalter Gemüsesuppe und – starb diesmal nicht. Sollte das Training schon wirken? Am Versorgungswagen angekommen, trank ich dreiunddreißig Liter Mineralwasser, nahm eine Sauerstoffdusche und machte mich zum dritten Mal auf den Weg.

„Wird das genug sein?", fragte ich Coach Thorsten im Enteilen.

„Mehr als genug!", meinte der. „Beeil dich! Heute ist Vertriebskonferenz!"

Pförtnerhaus links liegen lassen, hinter dem Lager am Firmenzaun vorbei, Sprung über den toten Schäferhund des Nachtwächters, am Duschraum der Produktionsarbeiterinnen nicht hecheln, der Betriebsratsvorsitzenden mit der Schrotflinte und den weißen Herren mit der Zwangsjacke ausweichen. Kurz vor der Abzweigung zum Gebäude der Geschäftsführung Mediengrinsen einschalten, an der breiten Glasfront vorbeitänzeln wie ein Elf im Sommernachtstraum. Dann Abgang via Hechtsprung und zum Versorgungsfahrzeug zurückkriechen. „Tai Chi fällt heute aus! Die Konferenz hat schon angefangen!"

Haben Sie schon einmal im verschwitzten Trainingsanzug in einer Konferenz gesessen?

„Einige Herren übertreiben es mit der körperlichen Ertüchtigung!", meinte Personalchef Süttersen süffisant und: „Wo ist denn Doktor Drakelmann?"

In diesem Augenblick trat der Big Boss ein, ein Schreiben in der Hand, aus dem er vorlas: „... aus diesem Grunde veranlassen mich die kranken Zuckungen und der geradezu unmenschliche, vom Leistungsstress pervertierte Gesichtsausdrucks meines armen Kollegen Berti Zock, spontan meine Anstellung bei Ihrem Unternehmen zu kündigen. So möchte ich nicht enden. Ich beabsichtige, ein vegetarisches Restaurant in der Karibik aufzumachen. Drakelmann!"

„Gewonnen!", meinte Thorsten trocken.

„Ich wusste doch: Jogging bringt es!" Ich hörte ihn nicht mehr, weil mich zwei Beamte der Sittenpolizei abschleiften. Ich würde einiges zu erklären haben.

Der Hochsicherheitsvorgarten

Politische Seitenwechsel im Laufe eines Lebens sind nichts Ungewöhnliches, man lernt ja dazu. Mein Nachbar zum Beispiel. Früher war mein Nachbar bei den Grünen. Da hatte er ein nettes Stückchen Wiese vor dem Haus, und er schwitzte und fluchte jedes Mal, wenn er es mähen musste. Gut, es hatte sich auch manchmal ein Löwenzahn oder ein Spitzwegerich eingeschlichen, und wenn er sich zwei oder drei Wochen nicht überwinden konnte, sich hinter den Handmäher zu klemmen, sah es auch schon einmal etwas … locker aus. Naturnah eben. Was Ameisen, Asseln und Käfer freute.

Zu seinem fünfundvierzigsten Geburtstag bekam er einen Elektromäher geschenkt. Aber das brachte ihn auch nicht recht weiter, gartentechnisch. Denn wenn er sich mal zwei oder drei Wochen nicht überwinden konnte, den Elektromäher anzuwerfen, sah sein Garten genauso verwildert aus wie damals. Ja, dazu stand mein Nachbar früher. Heute findet er solche Gärten nicht mehr naturnah. Eher verwildert. Aber jetzt hat mein Nachbar Nägel mit Köpfen gemacht. Drei Tage lang schleppte er Betonröhren aus dem Baumarkt, die er senkrecht in den Boden pflanzte – metertief, fugenlos dicht und nachträglich mit Flüssigbeton vergossen. Riesenhafte Mischfahrzeuge entleerten sich tagelang. Röhren für die Ewigkeit, rotbraun, feuerfest, keimfrei, abwaschbar, in solidem Fundament. Nachts mit Quarzlicht beleuchtet, vom Bewegungsmelder gesteuert. Und: Urinresistent.

Was wachsen soll, kommt in die Röhre. Edle hochalpine Steingewächse. Rasserein. Unkraut hat keine Chance. Nicht das kleinste Samenkorn kann in die Mikrofugen rutschen.

Und stabil ist so eine Röhrenkonstruktion! Neulich ist der Lausejunge von Schulzens mit dem Fahrrad dagegengedonnert. Es war seine Schuld, die Röhren kamen von rechts. Nicht der kleinste Schaden!

„Herr Schulz", hat mein Nachbar gesagt, „ich freue mich, dass ich ihnen mitteilen kann, äh, dass ich keine Schadensersatzansprüche stellen muss. Da kommt nichts dran an so einen Hochsicherheitsvorgarten! Nä! Und wie geht es Ihrem Jungen im Krankenhaus? Ist der Schädelbasisbruch gut verheilt?"

Ist das so im Leben? Vom Jungen, Frischen, Lebendigen zum Alten, Harten, Starren und Brüchigen? Was wird er als Nächstes tun? Seinen Rasen hinter dem Haus betonieren, kuschliger Waschbeton, Körnung mittelfein? Wird man schon mit 45 zum Betonkopf? Ist es wirklich so aussichtslos? fragte ich mich in Betrachtung des Hochsicherheitsvorgartens und wählte im Geiste eine Selbstmordmethode. Da kam meine Rettung. Zotti, die Promenadenmischung von gegenüber. Der Hund, der immer in den Vorgarten meines Nachbarn gepieselt hatte, was diesen zur Weißglut trieb. Und was tat das gute Tier? Schnüffelte kurz am Betonbauwerk, rümpfte verächtlich die Nase, wendete sich schroff ab, schritt weiter zu meinem Vorgarten, hob das Bein und pullerte genüsslich auf mein Unkraut. Da weiß hund, was er hat, da prallt der Strahl noch auf Blattwerk oder weichen Mutterboden. Freudenwallungen umfingen meine Seele. Da wusste ich auf einmal: Alles in Ordnung, Alter, das Leben ist auf deiner Seite!

Ein Mann und sein Wagen

Über die erotische Beziehung zwischen Männern mit nachlassenden Kräften und ihren fahrbaren Untersätzen lässt sich eine Menge sagen. In manchen Fällen ist die Bindung eher locker, und das Kraftfahrzeug steht noch einen bis zwei Plätze hinter der Ehefrau in der männlichen Werteskala.

Anders bei Kurt Georg Bissinger, 47, dessen Welt weitaus direkter mit seinem fahrbaren Untersatz in Verbindung stand, sozusagen ausgesprochen autoerotisch orientiert war. Das war nicht immer so. Mit 20 standen die Frauen ganz oben in KGBs Interessenliste. Mit 30 fiel das weibliche Geschlecht auf Platz 2 ab und der Alkohol trat seinen Siegeszug an. Kurt Georg Bissinger war fast jeden Abend in seiner Stammkneipe zu finden. Dann heiratete er und schaffte die erste Familienkutsche an. Einen Ford Escort. Noch immer war er, was Autos betrifft, recht normal – bis er eines Tages in eine Alkoholkontrolle geriet. 0,8 Promille – knapp am Führerscheinentzug vorbei. War es der eiskalte Hauch der drohenden Gefahr, der nahe Verlust der Fahrerlaubnis, der seinen Sinn für automobile Werte weckte, ja, über alle Maßen schärfte?

Der zweite Familienwagen, ein BMW Kombi in turmalingrün, erfuhr auf jeden Fall schon mehr Zuwendung als seine Ehefrau, die liebenswerte Eleonore Bissinger, geborene Klütsch.

Auch die Kinder − erwähnen wir sie hier einmal der Vollständigkeit halber − waren in KGBs Universum allenfalls Asteroiden.

Als einige Jahre später die Anschaffung des dritten Wagens anstand, erfuhr Kurt Georg Bissinger einen weiteren schweren Schub in die verhängnisvolle Richtung. Wider jeden Verstand erwarb er ein italienisches Cabrio, in geilstem feuerwehrrot, gestylt, übermotorisiert und aufgemotzt bis zum Gehtnichtmehr. Schon beim Kauf hechelte Kurt Georg Bissinger unentwegt, und sein abgrundtiefer Grunzlaut bei der Übergabe der Fahrzeugpapiere ließ eigentlich nur auf einen Orgasmus schließen.

Kritische Äußerungen der Familie prallten an KGB ab wie das Regenwasser am brandneuen Lack seines Geschosses. Seine Werteskala änderte sich rapide, und wen wundert es, dass sie nach kurzer Zeit etwa so aussah:

Platz 1: la bella machina
Platz 2: das Cabrio
Platz 3: mein Auto
Platz 4: die rote Rakete …

Erst auf Platz 21 folgten er selbst, sein Hund (Platz 22), seine Frau (Platz 23) und die Kinder (Platz 24). Stunden und Tage verbrachte Kurt Georg Bissinger in der Garage bei seinem Auto, polierte seine runden Schenkel und erfreute sich am Anblick des Gerätes. Schon recht beunruhigend, dachte Eleonore, aber sie ahnte nicht, was noch folgen sollte. Mit der Zeit bildete sich nämlich eine geradezu gespenstische Verknüpfung zwischen Kurt Georg Bissinger und seinem Fahrzeug heraus.

Es begann, als der Wagen morgens Startschwierigkeiten bekam. Es war Winter und zu so früher Stunde recht kühl in der Garage, und so startete der Motor erst nach dem sechsten oder siebten Versuch. Das erklärt aber nicht, weshalb Kurt Georg Bissinger, bisher stets Frühaufsteher, plötzlich morgens nicht mehr aus den Federn kam. Er war kaum wach zu bekommen und öffnete erst nach sechs oder sieben Weckversuchen die Augen.

Noch immer schöpfte niemand Verdacht, aber Kurt Georg Bissingers Auto war ein italienisches Auto und die haben, wie die Fans sagen, „Charakter" – alle Augenblicke ging etwas anderes kaputt. Die Parallelen wurden deutlicher:

Als der Wagen einen Plattfuß hatte, klagte KGB über Schmerzen im Fuß.

Als die Scheibenwischer ausfielen, hatte Kurt Georg Bissinger Sehstörungen.

Als die Fahrertüre hakte, bemerkte Kurt Georg Bissinger eine seltsame Verkrampfung im linken Arm.

Als ein Vandale das Textildach aufschlitzte, litt KGB an schneidenden Schmerzen in der Schädeldecke.

Am selben Tage, als der Motor Leistung verlor, erlitt er selbst einen Schwächeanfall.

Es war gespenstisch: Kurt Georg Bissingers Zipperlein und Krankheiten korrespondierten perfekt mit den Defekten und Fehlfunktionen seines Wagens. Und so kam es, dass seine Ehe in eine Krise geriet.

Zuerst fiel die Einspritzpumpe aus. Sie können sich denken, was das für unseren Kurt Georg bedeutete. Wochenlang warteten sie auf das Ersatzteil, das eine obskure Firma M.A.Fia aus Modena anliefern sollte, und Eleonore wunderte sich über ihren Kurt Georg und seine eher schwachen nächtlichen Leistungen. Dann bekam der Katalysator Störungen und die Abgase des Wagens rochen unangenehm. Kurt Georg konnte – ohnehin von Selbstzweifeln geschwächt – kaum noch unter Menschen gehen – jedenfalls nicht unter Menschen ohne Gasmaske.

Ein Brief aus Modena ließ ihn eines Tages hoffen, doch enthielt dieser nur die Nachricht, dass die defekte Einspritzpumpe nicht mehr lieferbar sei und in Kürze auf Kulanz durch ein größeres Modell ersetzt werden würde, wie es auch von Ferrari im Rennsport eingesetzt werde. Kurt Georg Bissinger atmete auf. Er ahnte nicht, welcher Weg vor ihm lag, denn als das Teil angeliefert und eingebaut war, änderte sich sein Leben von Grund auf.

Der Wagen – ohnehin ein Geschoss – war plötzlich ein anderer. Der Motor röhrte wie ein brünstiger Hirsch, das

Fahrzeug schoss voran wie ein Falke im Sturzflug, und KGB lebte plötzlich auf wie ein Süchtiger unter voller Dröhnung. Auch das Abgasproblem war wie weggeblasen.

Kein Rock in der ganzen Stadt war mehr sicher vor ihm. Er fuhr vor, röhrte kurz auf, brachte volle Leistung und raste davon.

„Wenn das auf Dauer nur dein Motor mitmacht!", sagte Eleonore, als sie die Koffer packte, um zurück zu ihrer Mutter zu gehen. Wie Recht sie hatte! Keine drei Wochen später kam der Kollaps, mitten auf der dreispurigen Autobahn.

Zylinderkopfdichtung – respektive Herzinfarkt. Als Folge intensiver Kontakt mit einem Brückenpfeiler bei Tempo 220.

Beide ruhen in Frieden. Der eine auf dem Schrottplatz, der andere auf dem Waldfriedhof.

Feiertage

Ob es etwas mit meinem Lebensalter zu tun hat? Ich mag Feiertage immer weniger.

„Das liegt nur an deiner eigenbrötlerischen Art!", sagt meine Frau erbost, wenn ich herummotze. „Ich finde Feiertage nett!"

Gut, ja, in südlichen Ländern sind Feiertage leicht wie die Luft an einem Frühlingsmorgen. Wer mag, faulenzt (was er auch an einem Werktag hemmungslos erledigen würde) oder arbeitet. Der Lebensmittelhändler öffnet sein Geschäft – oder auch nicht. Deutsche Feiertage sind anders – staatlich verordnet und unumgänglich. Aggressiv wie Kloreiniger fressen sie sich in die sie umgebende Woche hinein. Schon Wochen, wenn nicht Monate vor dem jeweiligen Feiertag beginnt eine langsam schleichende und exponential zunehmende Erschlaffung, die nur noch vom Einkaufsrappel am letzten Werktag unterbrochen wird. Und die, zugegeben, auch mich zu ergreifen droht.

Es ist auch schwer, dieser Feiertagsatmosphäre zu entgehen, denn rätselhafterweise beginnen alle Feiertagsparalytiker an diesem Tag wie die Geisteskranken einzukaufen, als stünde eine katastrophale Knappheit ins Haus. De facto dauert die Zeit ohne Lebensmittelnachschub meist ganze 48 Stunden. Wahrscheinlich ist es aber dieser Einkaufsrappel, der ganze Branchen überhaupt am Leben erhält. Nach diesem letzten Aktivitätsanfall folgen endlose Stunden zwanghaften und dumpf-dämmerigen Wohllebens, und das trotz wirtschaftlicher Krise. Jeder winzige Gedanke an die wirtschaftliche Situation unseres Landes müsste zu kreischender Verzweiflung, zumindest aber zu augenblicklichen Aktivitätsausbrüchen führen. Aber nichts geschieht, denn das Feiertags-Sedativum wirkt stärker als Morphium.

Meine Feiertagsabneigung wird tatsächlich mit dem Alter stärker. Auch meine Geburtstage mag ich nicht mehr feiern, reihen sie sich doch ein in eine endlose Kette überflüssiger Festivitäten. Und man wird ohnehin jedes Mal älter.

Die Eskalation der Feierlichkeiten nehme ich so wahr: Das bis weit in den Januar wuchernde Weihnachtsgeschwür wird abgelöst von massiver Oster-Agonie. Es folgt der ausgedehnte Pfingstverfall jeglicher Arbeitskraft, unterbrochen und zugespitzt von Fronleichnam und dem 1. Mai, der ironischerweise ‚Tag der Arbeit' genannt wird.

Dann, am 21. Mai, mein Geburtstag – können Sie verstehen, dass ich spätestens dann die Nase voll habe? Wenn der Geburtstag (zur Zeit droht der 46ste) überstanden ist, folgen die Sommerferien, Urlaube, Auszeiten – bis zum Sankt-Nimmerleinstag.

Der Amerikaner kennt den *good time fool* – sein deutsches Gegenstück ist der Freitagsverlängerungsidiot. Der ist ausgesprochen konjunkturschädlich, denn in der Zeit vor oder nach einem Feiertag in Deutschland mit jemandem Geschäfte zu machen, ist so gut wie unmöglich. Nach den Feiertagen hält der Zustand der Erstarrung weitere Wochen an. Brückentage verlängern das Koma der Untätigkeit, Ferienreisen führen zu dessen Vertiefung. Und das Verrückteste daran: Kein Mensch erholt sich. Alle sind so versessen darauf nichts zu tun, dass es sie geradezu ausmergelt. Nicht umsonst werden die meisten Ehen im Urlaub ruiniert. Eben deshalb rafft so viele in den ersten Urlaubstagen der Infarkt dahin.

Und wenn es Ihnen einmal gelingen sollte, außerhalb eines feiertagsverseuchten Zeitraumes Kontakt mit einem potentiellen Geschäftspartner aufzunehmen: Schöne Grüße vom Anrufbeantworter. Sie rufen außerhalb der Geschäftszeiten an.

Und in diesen wirren Zusammenhängen soll ich auch noch Geburtstag feiern. Sagen Sie mal ehrlich: Könnte man nicht wenigstens den weglassen?

Voll im Trend

„Dies ist die automatische Anrufbeantworterin von Isolde Specht-Klopfer!"

Verdammt, die angesagteste Trendberaterin war nicht zu erreichen. Und ich fühlte mich heute so unsicher, trendmäßig, so verdammt unsicher ... Was, wenn ich nun nach den falschen Klamotten griff? Das falsche Make-up auflegte, das angesagte Aftershave nicht traf? Morgen sollte das Treffen mit dem Kreativteam sein, ganz locker, zwanglos – aber seien Sie mal locker, wenn Sie neben dem Trend liegen!

Ich als ewig junger 45er hatte das Trendsetter-Dauerabo genommen, und nun war die dumme Kuh nicht zu erreichen! Und das bei DM 899.- pro Monat!

„Absolute Zuverlässigkeit ist out!", hatte sie bei der letzten Sitzung gesagt, zu der sie schon beachtlich spät erschienen war, und nun war sie gar nicht mehr zu kriegen. Ha, ihre Handynummer! schoss es mir durch den Kopf. Ich wischte den Gedanken weg. Handys sind out, die hat jetzt

jeder. Auch mit WAP. Man weiß, wo man die wichtigen Menschen findet. An den in-Orten eben. Ich also rauf auf die Rollerblades (hoffentlich sind die Dinger nicht über Nacht out!) und wie der Wind zu „Sponks", das angesagte Trendlokal. Letzte Woche war es das „Splitz" und den Monat davor das „Flex". Sowas muss man wissen. Unbedingt.

Als ich ankam im „Sponks", hieß es plötzlich „Schnurps" und war völlig out. Was nun? fragte ich mich und bemerkte, dass ich der einzige auf Rollerblades war, alle anderen fuhren mit so einer Art eingeschrumpftem Kinderroller aus Platin oder Edelstahl rum, der furchtbar teuer aussah. Ich entsorgte die Blades in den nächsten Mülleimer und ging barfuß weiter. Nach zwanzig Metern warfen die ersten Passanten mit Blick auf meine nackten Füße die Miniroller weg und zogen Schuhe und Socken aus. So also werden Trends gemacht, dachte ich und fühlte mich sicherer. Trotzdem nicht sicher genug.

„Du musst überall Bescheid wissen!", hatte meine Trendberaterin gesagt. „Business, News, Computer, Promis, Erotik, Fernreisen, TiVi, Shopping, Software, Internet, Sport, Kino, Wellness."

Mein Ego schrumpfte, wenn ich nur daran dachte. Ich brauchte meine Trendberaterin – jetzt! Müde und resigniert setzte ich mich in ein Straßencafé – und da sass sie ja – auch wenn ich Probleme hatte, sie zu erkennen. Sie trug heute ein Metal-Space-T-Shirt und zu grünen Haaren eine Astrobrille aus Stacheldraht. Dazu den angesagten Body Bag. Neben ihr dieser kleine Roller. Gerade zog sie ihre Schuhe und Strümpfe aus.

„Hi, Isolde!", rief ich zu ihr hinüber.

„Iso!", rief sie zurück. „Ich nenn mich jetzt Iso! Hast du schon von dem neuen Trend gehört: ‚barefootin'? Ach, ich sehe, du hast ..."

Ein seltsames Gefühl großer Ruhe durchflutete mich. Eine Stimme in mir sagte: Du selbst bist der Trend, Mann! Zeig es ihnen, streck ihnen den Stinkefinger raus! Eigentlich hatte ich vor, ihr die Standardfrage zu stellen: „Was ist angesagt, Isolde ... äh, Iso?", aber statt dessen hörte ich meine neue, laut und sonor klingende Stimme sagen: „Logo. Weisst du schon die letzten Trends? Weg vom Notebook, hin zur Schreibmaschine? Wirklich coole Typen kommen ohne E-Müll und elektronische Krücken aus. Hat ja jetzt jeder Depp, sowas!"

Einen Augenblick schien es, als stehe die Zeit still. Jedes Geräusch verstummte, jede Bewegung gefror. Dann sprang das Universum wieder an. Neben mir trat ein Typ im hipsten Outfit sein 8000-Mark-SONY-Notebook in Stücke und warf es in den Papierkorb. Auf der anderen Straßenseite prügelten sich drei Typen im Trödlerladen um eine „Gabriele"-Reiseschreibmaschine.

Isolde versuchte mit schwächlicher Stimme den angesagten Trend zu verbreiten: „Unified Messaging und Anonyminizer sind der neueste Trend im Netz ..."

„Netz?", sagte der Typ neben ihr. „Woher kommst du? Netz ist doch total out!"

Sie schrumpfte auf ein Viertel ihrer natürlichen Größe. Ihre Tattoos verblassten.

Ich nutzte die Egoschwäche und kaufte ihre Praxis für 'n Apple und 'n Egg. Jetzt bin ich Trendberater, und es geht mir nicht schlecht. Übrigens, wussten Sie schon? Gestreifte Schlafanzüge aus den 70ern sind jetzt absolut hip in der Disco, aber nur total oversized. Geiles Outfit. Dazu trägt man Taschenuhren aus chinesischer Produktion. Zumindest diese Woche. Wirklich coole Typen bringen ihren Hund mit. Trendsetter – eine Neuzüchtung – sind angesagt.

Stadt oder Land?

„Kuhscheiße! Der Duft veralteter Dieselmotoren!" Claudette, die entschiedene Stadtpflanze, zog mächtig vom Leder. „Fünfundvierzig Jahre hast du in der Stadt gewohnt – und plötzlich zieht es dich aufs platte Land!"

„Fünfundvierzig Jahre Krach und Abgase sind genug!", entgegnete Bernd. „Mein natürliches Depot an Idylle ist leer und muss eben aufgefüllt werden!"

„Idylle? Keine einzige angesagte Boutique weit und breit. Und da soll ich wohnen?"

Ihr High Heel knallte gegen den Designertisch, als sie ihren Worten mit einem Fußtritt Nachdruck verleihen wollte. Die Camparigläser schwappten zwei blutrote Flecken über den Teppich.

„Vergiss die ländlichen Rituale nicht!", frotzelte Bernd. „Sonntags morgens der Kuhfladentanz, und beim Erntedankfest die Jungfrauen-Versteigerung. Natürlich hat der Vorsteher jeder Bauernschaft bei Neuzuzügen noch das Recht der ersten Nacht!"

„Auf meine Kosten lustig machen konntest du dich schon immer!", klagte Claudette. „Wo liegt die Baracke denn?"

„Keine 35 Minuten vom Stadttheater. Und dein Coiffeur hat eine Filiale im Nachbarort!"

„Aber denk doch mal an die starren sozialen Strukturen auf dem Lande!" Claudette verdrehte die Augen. „Und unsere Freunde, glaubst du, dass die uns noch besuchen, da draußen?"

„Zu Punkt 1: Natürlich muss ich sofort in die Freiwillige Feuerwehr eintreten. Und unser Eheleben kontrolliert der Pfarrer – einmal in der Woche!" Bernd kam langsam in Form. „Aber hinterm Mond leben die auch nicht mehr. Das geht heute alles per Chipkarte!

Und zu Punkt 2: Deine Freundin Hildrun z.B. fährt drei Mal in der Woche zu ihrem Guru nach Waldhinterstadt. Und mein Freund Horst hat alle drei Monate einen neuen Alfa oder Porsche oder Mercedes. Irgendwo muss der damit doch hinfahren. Und überleg dir mal, welchen Luxus wir bieten könnten: beliebig viele Parkplätze vor dem Haus!"

„Vielleicht ist es auch gar nichts für uns", hoffte Claudette. „Muss ich denn unbedingt mit zu dem Besichtigungstermin?"

„Du musst nicht", erklärte Bernd trocken, „wenn du künftig als Single in der Stadt leben möchtest ... Schau es dir doch wenigstens mal an – mir zuliebe!" Es schien ihm wirklich wichtig zu sein, denn er schaltete seinen unwiderstehlichen Bittsteller-Blick ein .

„Ich muss mich aber erst umziehen!" Claudette trippelte nach oben, während Bernd die Straßenkarte suchte. Er fand sie, und keine dreißig Minuten später stiefelte Claudette völlig verwandelt die Treppe hinab. Stiefeln war sehr zutreffend, denn an ihren schlanken Beinen saßen über einer alten Cordhose Gummistiefel. „Ich habe deinen alten Golfpullover genommen", erklärte sie, „ich will mir meine guten Sachen nicht einsauen!"

Bernd seufzte. „Wir haben Mai, es ist 22 Grad warm. Womit rechnest du? Lehmpfade? Schlammlawinen?"

Sie schien unbeeindruckt. „Nimm lieber den Golf!", meinte sie, als er in sein BMW Cabrio steigen wollte. „Der ist geländegängiger!"

„Was stellst du dir nur unter Landleben vor? Du hast doch als Kind auf dem Lande gelebt!"

„Volle drei Monate!", wehrte Claudette ab. „Dann hat sich meine Mutter von meinem Vater getrennt."

„Der war sicher der Dorfmetzger ..."

„Lehrer."

„Und warum ging es in die Brüche?"

„Sein Versetzungsgesuch wurde abgelehnt."

Bernd schluckte. Er fuhr, sie studierte den Plan. „Büchel, Amtsknechtswahn, Schlimp, Muchensiefen – das sind doch keine Ortsnamen, das klingt wie Krankheiten!" Sie passierten gerade die letzten Vorstadthäuser, und vor ihnen lag das platte Land.

Die Straße war gut, ein laues Lüftchen wehte. Claudette schwitzte ein wenig. Mit jedem Kilometer fielen ihr immer neue Unannehmlichkeiten des Landlebens ein.

Kilometer 5: „Am meisten würde ich das Flair der grossen Einkaufsstraßen vermissen …"

Kilometer 10: „… und dass ich nirgends mit meiner Kreditkarte bezahlen kann …"

Kilometer 15: „… und den türkischen Gemüseladen mit diesen leckeren länglichen Tomaten …"

Kilometer 20: „Und wo kaufe ich Disketten für meinen Laptop? Beim Landhandel vermutlich …"

Bernd versuchte zu kontern. „Schau dich doch mal um! Die Gegend hier – sagt dir das nichts? Rechts der Bachlauf und links die Schafherde …"

„Huch!" Ihr Körper verkrampfte sich ruckartig. Irgendetwas Ungeheuerliches war ihr eingefallen.

„Was ist?", fragte Bernd erschrocken. „Hast du was? Eine Allergie gegen Schafe?"

„Mein Kosmetikstudio! Meilenweit entfernt!"

Sie fuhren schweigend ein paar weitere Kilometer. Claudette nippte an einer Dose Red Bull. Es kam, wie es kommen musste. „Halt an, ich muss mal!"

„Willst du in den Wald machen? Hier ist doch nichts!"

Diese Aussicht erschien ihr bei weitem zu naturnah. „Damit mir Nacktschnecken und Mistkäfer am Hintern rumkrabbeln?" Sie blickte suchend in die Ferne. „Da! Ein Gasthof! Direkt an der Straße!"

Sie hielten, nahmen an einem der beiden Tische Platz, bestellten Kaffee. Der Wirt brummte, verschwand im Lokal.

Claudette folgte ihm suchend, erwischte ihn und erhielt wortkarg Auskunft und einen Schlüssel. Hinten rum, sagte seine Geste, der sie ängstlich zunächst mental und dann körperlich folgte. Bernd trank Kaffee, während hinter dem Haus kleine spitze Schreie von hygienischen Katastrophen kündeten. Als sie zurückkam, trug sie ihr griechisches Tragödiengesicht. „Nicht mal Feuchtpapier haben die hier! Und die Rolle in dem Verschlag – das ist kein Klo-, sondern Schmirgelpapier! Aufgeweichte Seife, das Handtuch wurde seit der Jungsteinzeit nicht mehr gewaschen. Und durch die Brille hat schon Kleopatra gesch..."

„Gestattest du, dass ich dich auf diesen Kaffee hinweise?", lenkte Bernd ab. „Er ist ausgesprochen gut."

Sie zahlten, der Wirt dankte mit Brummgeräuschen. „Ich wusste ja, dass die Sprachentwicklung auf dem Lande hinter der Stadt zurückgeblieben ist", überlegte Claudette. „Aber so weit?"

Die Straße stieg nun an, wurde kurviger. Hinter jeder Kuppe taten sich Postkartenausblicke auf. Claudette wirkte entspannter, die spitzen Bemerkungen schienen ihr auszugehen.

„Schau mal da, die alte Kirche!" Sie schien in touristische Stimmung zu geraten. „Und da drüben – der Dorfteich!" Ihr Stimmungswandel fand Ausdruck in ihrer Kleidung. Sie zog den Pullover aus, saß im ärmellosen Top in der Sonne. Die Gummistiefel samt Söckchen flogen nach hinten. Genüsslich spreizte sie die nackten Zehen. Bernd blickte auf die Karte, bog dann links in eine Nebenstraße

ein, stoppte den Wagen, stieg aus. „Hier muss es sein!"
Zwischen zwei alten Buchen führte ein Weg aus Natur-
steinplatten ins Grüne. Der Blick war überwältigend. Klein,
geduckt, mit Holzfenstern und Fachwerk, eingegrenzt von
einem Bilderbuchzaun. Eine Katze saß auf der Bank unter
dem Fenster.

„Hui!", sagte Claudette. „Niedlich! Wann, sagtest du,
können wir einziehen?"

Noch 15 Jahre bis zur Rente

Ich bin ein Opfer der neuen Atemlosigkeit. Fünfund-
vierzig Jahre alt, Personalchef, eine Konifere in meinem
Beruf (guter Scherz, was?). Menschenkenntnis, Erfahrung,
Fingerspitzengefühl, Branchenkenntnis. Habe ich alles.
Dennoch stehe ich mitten in einer persönlichen Krise.
Weshalb? Hören Sie mir zu, vielleicht können Sie mir
helfen.

Erst kürzlich verkündete der Chef, dass wir jetzt nie-
manden über 35 mehr einstellen.
   „Wie sieht das denn aus? Alte Weiber und alte Männer
in einem innovativen Laden der Hochtechnologie!", wetterte er.
   „Chef, Sie selbst sind 58!", meinte die Wenning aus
der Werbeabteilung.
   „Frau Wenning, das tut hier nichts zur Sache!"
   Er musterte sie von oben bis unten, verharrte unge-
bührlich lange an ihren etwas welken Rundungen, schien

die Kosten eines Liftings zu kalkulieren und fuhr dann fort: „Aber auch Ihnen würde ich einen Firmenwechsel nahelegen. Mit 38 sind Sie den Anforderungen der Werbung ohnehin nicht mehr gewachsen!"

Die Wenning ging übrigens letzte Woche – zur Konkurrenz. Aber nur mit einem Zweijahresvertrag.

Gestern hat sich ein neuer Programmierer vorgestellt. Das Einstellungsgespräch dauerte dreißig Minuten. Der Bewerber hat in dieser Zeit keinen einzigen zusammenhängenden Satz gesagt, kam in Bermudas, brachte sich drei Dosen Cola Light und eine Pizza mit, las die ganze Zeit Comics und legte die Füße in zerfetzten Turnschuhen auf meinen Schreibtisch. Die dadurch entstehende Geruchskrise verschärfte er noch, als ich die Höhe des Gehalts nannte. Er furzte laut und ausgiebig und meinte dann nur trocken: „Du scherzt wohl, Opa!" Der Chef hat ihm dann 100.000 Mark mehr geboten und ihn eingestellt.

„Der Mann muss gut sein – bei dem Benehmen!", erklärte er mir hinterher gönnerhaft. „Ihnen fehlt wohl der Blick für so etwas!"

„Ich werde mich bemühen, Chef.", meinte ich kleinlaut, und tauschte in meinem Wertesystem augenblicklich Frechheit und Qualifikation aus.

Heute habe ich drei Inder für die Entwicklungsabteilung unter Vertrag genommen. Das Gespräch verlief irgendwie erfreulich, alle lächelten, obwohl keiner von uns ein Wort verstand. Richtig leuchtende Augen haben sie bekommen, als ich ihnen die Höhe des Gehaltes aufgeschrieben habe – mit Zahlen kennen sie sich ja aus auf dem Subkontinent: 101.000 Mark – wegen der Greencard. Sie haben sofort unterschrieben. Hinterher erfuhr ich, dass ich drei Pakistani als Software-Entwickler eingestellt hatte, die sich um einen Job in der Putzkolonne beworben hatten. Ausgesprochenes Pech sowas.

Morgen habe ich wieder Einstellungsgespräche, und ich muss schon sagen, dass ich etwas verunsichert bin. Es geht um die Stelle eines Vertriebsleiters EDV-Produkte. Es gibt drei Bewerber, die in Frage kommen: ein 22-jähriger Maschinist aus Usbekistan, ein 28-jähriger Türke, der bisher Kebab en gros verkauft hat und ein arbeitsloser Diplomkaufmann aus Tübingen. Aber der ist 56, keine Chance.

„Unsere Vorgaben", erklärte der Chef erst heute morgen, „abgeschlossenes Hochschulstudium. Am besten Diplom-Ingenieur mit Doktortitel, mehrjährige Branchenerfahrung, Auslandsarbeit, nicht älter als 25! Und wenn es keinen Bewerber gibt, der voll auf das Profil passt, nehmen Sie einfach den, der den Ansprüchen am nächsten kommt. Vor allem jung muss er sein! Sie machen das schon, Hillmeier!"

Ich habe den Türken genommen – ein Glücksgriff, wie sich herausstellte. Er brachte seine Berufserfahrung voll ein, und jetzt ist das Essen in der Firmenkantine echt lecker. Die Absatzzahlen sind etwas zurückgegangen, aber man kann nicht alles haben.

Den Diplomkaufmann aus Tübingen habe ich als Hausmeister eingestellt, weil der dringend Arbeit brauchte, aber wie ich die Sache überblicke, wird das nichts. Der hat zwei linke Hände (wenn nicht drei), kann keine Steckdose reparieren und keinen Staubsaugerbeutel von einem Kaffeefilter unterscheiden und redet zudem noch immer dem neuen Vertriebsleiter rein. Der Chef hat ihn schon auf dem Kieker, und er fliegt demnächst wieder – „wird dem Arbeitsmarkt zur Verfügung gestellt", wie es so schön heißt.

Mein schlimmster Alptraum: Ich komme morgens in die Firma und habe völlig vergessen, wer was macht in dem Laden. Ist der Typ nun Programmierer oder Putzkraft?, frage ich mich, wenn ich den Mann treffe, den ich bei wachem Verstand als Mitarbeiter der Werbeabteilung kenne. Was tut denn diese Frau hier eigentlich? Leiterin der Pressestelle oder Lagerarbeiterin?

Und dann kommt das Schlimmste, und es wiederholt sich, immer und immer wieder, als wäre mein Traum eine Schallplatte mit Sprung, bis ich aufwache: Ich komme mir selber entgegen, gut sehe ich aus in meinem grauen Anzug mit der dezenten Krawatte und dem professionellen Lächeln, aber dann spreche ich mich selbst in respektloser Offenheit an und frage mich: „Herr Hillmeier, sagen Sie mal – was machen Sie eigentlich in dieser Firma?"

Und dann verliert mein Alter Ego völlig die Fassung, die Gesichtszüge entgleisen, blanker Irrsinn tritt in meine Augen und ich höre mich antworten: „Ich …, i … ich weiß nicht …!" Da soll man keine Zukunftsängste bekommen.

Noch 15 Jahre bis zur Rente – hoffentlich halte ich das durch.

Diese Wehwehchen ...

„Dying all the time …" Wenn Werner vor dem Frühstück diesen Rolling-Stones-Titel hört und mal wieder seinen melancholischen Sonntagvormittag hat, checkt er schon bei der Morgentoilette seinen ganzen Körper nach Defekten. Jedem gefundenen Symptom ordnet er eine möglichst lebensgefährliche Krankheit zu. Dabei geht er äußerst akribisch vor, von Kopf bis Fuß sozusagen. Das ist – so kann man sagen – sein Hobby. „Mann, wenn du deine Zähne erst mal extern putzt, dann kommt nicht mehr viel!" Seit drei Wochen trägt er Zahnersatz, so eine Spange mit aufgesetzten Backenzähnen. „Und der körperliche Niedergang beginnt eben ab Mitte 40 – in Riesenschritten." Wenn frau ihn jetzt nicht aufhält, ist das Abendland in Gefahr.

„Du, ich habe da so ein Knötchen in der Kopfhaut. Das sieht mir nach einem Basaliom aus."

„Wie sieht dir das aus?", bremst ihn seine Gattin. „Du kannst auf deine eigene Kopfhaut gucken?" Sie schaut aus dem Schlafzimmer ins Bad. Er kann. Völlig verdreht steht er vor dem Spiegel im Bad und linst auf sein Spiegelbild im Handspiegel. „Und was bitte ist ein Basalium oder wie das Ding heißt?"

„Basaliom! Sichelzellenkrebs! Wenn es nicht sogar ein Melanom ist. Doro, siehst du mal nach?" Er kniet nieder, ihr furchtbares Urteil erwartend.

„Es ist ein lebensgefährlicher … Pickel. Mit schwarzer Dreckspitze. Stelle merken und waschen." Eine Weile ist Ruhe.

„Gestern war mir schwindelig", meint er dann lakonisch, so einfach in den Raum hinein. „Wieder dieser anfallsartige Drehschwindel – wusch!"

Doro nimmt geistig schon den nächsten Satz vorweg. Schwindelgefühle? Gehirntumor.

„Das könnte ein Hirntumor sein."

„Oder die furchtbare Folge von 25 Bieren, eingepfiffen auf einem Doppelkopfabend."

„Ach ja." Wieder eine kurze Pause, er scheint angestrengt nachzudenken, der Klodeckel klappt.

„Du, Doro …" Seine Stimme zittert angstvoll. „Ich habe Blut im Stuhl! Guck mal."

„Igitt!" Doro schüttelt sich. „Wir hatten rote Beete zu Abend. Erinnerst du dich?"

„Hmm." Die Spülung rauscht.

„Du, ich habe hier ein neues Muttermal am Kinn …" Was wird denn das wieder sein? Tatsächlich, ein dunkelbrauner Fleck, knapp unter der Unterlippe.

Doro befeuchtet einen Finger, wischt über die Stelle, leckt den Finger ab. „Mousse au Chocolate. Du solltest mal duschen."

Die Dusche rauscht, wird abgestellt. Es ist eine Weile verdächtig still. „Du, mein linkes Ei ist kleiner als das rechte. Das könnte so eine Art Auszehrung sein."

„Hoden-Tuberkulose?", höhnt Doro. „Gallopierender Eierschwund?"

„Hach, mach du dich nur lustig!", jammert Werner. „Wer ist denn hier fünfundvierzig, ich oder du?"

„Ich bin dreiundvierzigeinhalb. Also ganze 18 Monate jünger. Und bisher falle ich noch nicht auseinander."

„Warte mal ab", unkt Werner, „bis du in mein Alter kommst. Da zeigt dir der Sensenmann, was eine Harke ist!"

„Sense!"

„Was? Ach ja. – Und schlecht ist mir auch."

„Dir ist jeden Morgen vor dem Frühstück schlecht. Mir übrigens auch."

„Ach ja. Na dann." Also kein Magenkrebs. Auch keine Leukämie. Allenfalls beginnender Altersschwachsinn.

„Und Appetit habe ich auch keinen."

Mal sehen, wieviele Brötchen er sich gleich reinziehen wird, denkt Doro.

„Wolltest du nicht eigentlich jeden Sonntagmorgen joggen?"

„Na klar, schon, aber mein Schleimbeutel …"

„Was?" Doro staunte. „Seltsame Körperteile, die Männer haben!"

„Am Knie! Das tut vielleicht weh! Da ist Joggen tabu."

„Schade", bedauert Doro, die sich jetzt gern in Ruhe weiter anziehen möchte. „Das Wetter ist nämlich gut."

„Gut findest du das?" Werner schüttelt den Kopf. „Das ist diese gefährliche Hoch-Tiefdruck-Inversionslage, bei der ich immer meine Migräneanfälle kriege."

„Du? Migräne?"

Werner ist empört. „Wieso sollte ich keine Migräne haben? Diese furchtbaren halbseitigen Kopfschmerzen!"

„Du Armer. Warum hast du nichts gesagt?"

„Ein Mann hält das aus. Über Schmerzen redet man nicht groß!"

Doro, Doro, jetzt keinen Lachkrampf kriegen. Auf gar keinen Fall, sonst knatscht er wieder die halbe Woche. Besser schweigen.

„Ha!" Was hat er denn nun? Dann nochmal. „Oh Mann!" Dann nichts … Sie macht sich ernste Sorgen. „Werner? Ist was?" Zuerst Schweigen. Jetzt eine schwache Stimme. „Meine Zunge ist belegt. Und in der Mitte dunkler. Das deutet auf eine beginnende Herzschwäche hin."

„Gestern nacht hattest du aber nicht die geringsten Anzeichen von Herzschwäche", versucht Doro ihn aufzubauen. „Das grenzte an Leistungssport."

Ein kurzes Leuchten in seinen Augen, eine Art Aufflammen, das sofort wieder erlischt. „Aber es ging nur noch drei Mal."

„Andere können mit 25 nur einmal."

„Aber ich konnte früher ..."

Jetzt wird es peinlich, der Nachklang früherer Potenz. Da hilft nur der Ruf: „Frühstück ist fertig!"

„Mensch, Doro, hab ich einen Hunger!"

Der esoterische Dreh

„Nichts bringt mehr den echten Kick!" Fred saß melancholisch in seinem 8.000 DM teuren Designersessel und klagte vor sich hin. „Du rackerst und schuftest, schaffst Kohle ohne Ende an, und was kriegst du dafür? Die erste Stereoanlage, damals als Student mit 23, vom Geld, das ich in den Semesterferien auf dem Bau zusammengeklotzt hatte ..." Seine Augen begannen zu leuchten. „Wenn ich da diese Deep-Purple-Platte aufgelegt hatte und das Gitarren-Intro zu Ende war, und dann kam dieser irre wummernde Bass – da hob sich dir die Schädeldecke!"

„Genau!", stimmte Georg enthusiastisch zu. „Und ich weiß noch genau, damals mein erstes Motorrad, diese Suzuki 550 T, Zweitakt-Twin, da hattest du alles zwischen den Beinen! Und heute?" Er schaltete auf Dackelblick um. „Harley Davidson Spezialumbau, schlappe 40 Riesen teuer – und? Keinerlei Wirkung."

„Wenn du Glück hast, sagt mal irgend so ein Ossi-Trottel

aus Chemnitz ‚Scharfes Mopped, Opa!'. Das isses dann aber auch."

„Erst wenn man alles hat, erkennt man die wirklichen Werte!", verkündete Georg bedeutungsschwer. Jetzt war es wieder soweit. Ich hatte jedes Mal Mitleid mit Georg und Fred, wenn sie mal wieder so drauf waren. Verzweifelt suchten sie nach neuem, attraktivem Spielzeug, aber wie es aussah, hatten sie schon alles. Diesmal jedoch nahm das Gespräch eine unerwartete Wendung …

„Sag mal", begann Fred zögerlich, „… könnte es nicht unter Umständen sein, dass es außer Motorrädern und Stereoanlagen noch andere Dinge gibt?"

„Du meinst Computer? Videokameras? Sportwagen?" Georg war irritiert. „Was soll daran anders sein?"

Fred schüttelte den Kopf. „Ich meine geistige Werte. Ruhe, Zufriedenheit, inneres Gleichgewicht …"

„Ach so", staunte Georg. „Wie kommst du jetzt darauf?"

„Na, ich war da kürzlich auf so einer Managerschulung mit 'nem indischen Guru. Mahatma Mani."

„Aha!" Georg überlegte. „Und was habt ihr gemacht? Räucherstäbchen abgefackelt? Meditiert?"

„So ähnlich." Fred kramte in seiner Brieftasche. „Hier, sein Prospekt!"

„Und das war gut?" Georg wurde neugierig. „Hat angeturnt?"

„So ruhig war ich lange nicht mehr!" Fred horchte in sich hinein. „Und geschlafen habe ich hinterher – als hätte ich Sex mit Pamela Anderson gehabt!"

„Igitt!" Obwohl Fred nicht gerade seinen Frauentyp bevorzugte, rüttelte dieses Statement Georg auf. Er blätterte interessiert im Faltblatt. „Das könnte ich auch brauchen, mal weg von dem ganzes Affentanz, besser, schneller, effektiver! Immer nur Kohle, Kohle, Kohle, High-Performance-Leben mit Pseudo-Luxus, Online-Hektik und Highlife auf Pump! Hier zum Beispiel: Grundkurs ‚Inneres Gleichgewicht' – ein Wochenende DM 480,-!"

„Genau den hatten wir!", freute sich Fred. „Lies weiter."

„Aufbaukurs ‚Du und das Universum'! Drei Wochen-enden."

„Hört sich gut an!", konstatierte Fred. „Wie teuer?"

„Zweifünf."

„Gibt es nichts Besseres?"

„‚Praktischer Buddhismus unter der westlichen Sonne mit Tipps für den Berufsalltag' – dreisechs!"

„Hmm. Das ist alles?"

Georg fuhr mit dem Zeigefinger an der Angebotsta-belle herab. „Nein, warte mal. Das hier! Crashkurs ‚Nir-wana', sechs Wochenenden, ausgewählte Teilnehmer, DM 8.490.-! Das Spitzenangebot."

Fred zückte sein Handy. „Verbinden Sie mich mit dem Mahatma Mani Meditationszentrum …", forderte er den D-Netzservice auf und wartete auf Verbindung. Georg sah interessiert zu. „Ja, hier Hirschbach! Ich möchte gern Ihren High-End-Kurs buchen, für zwei Personen." Er lauschte kurz der Stimme am anderen Ende. „Ja, komplett, fünf Sterne de Luxe. Mit persönlicher Assistentin, Diplom und

Remote-Online-Aftercourse-Service. Zimmer mit TV-Video und Internet-Anschluss? Gern. Mitte Oktober geht in Ordnung. Ja, Eurocard ist ok. Wie teuer? Ach nein, Geld spielt keine Rolle. Danke! Bis dann!"

Man fühlt sich nicht gut auf die 50 zu, wenn …

… die Penner am Bahnhof betteln: „Hey, Oma, haste mal 'ne Mark?"

… Ihr Gatte auf der Party auf Sie angesprochen wird: „Ach, Ihre Frau Mutter ist auch dabei?"

… die Kosmetikerin Sie anspricht: „Das ist alles, was ich für Sie tun kann. Haben Sie schon einmal an Liften gedacht?"

… Ihnen die Leute in der U-Bahn ständig ihren Platz anbieten.

… Sie sich für ein Projekt melden und der Chef sagt: „Ich hatte eigentlich an einen unserer jungen, dynamischen Mitarbeiter gedacht!"

… Sie niesen und jemand sagt: „Passen Sie auf sich auf! In Ihrem Alter ist jede Erkältung gefährlich."

… die Liebesnächte kürzer und die Erholungsphasen länger werden.

… sich graue Haare durch Ihren getönten Schopf fressen.

… Sie nur nach ärztlicher Untersuchung in eine Lebensversicherung aufgenommen werden.

… Sie mit Ihrem Jüngsten unterwegs sind und jemand leutselig meint: „Nett, Ihr Enkelchen!"

… wenn einen tatsächlich das erste Enkelchen an die Generationenfolge erinnert.

… Sie von Ihrem Ältesten mit „Hi, Oldie!" angesprochen werden.

… der Türsteher Ihnen mit dem Satz den Zutritt verweigert: „Das is 'ne Disco und kein Altenheim!"

… Sie beim Besteigen der Achterbahn gefragt werden: „Halten Sie das auch durch, Muttchen?"

… Sie beim Besteigen der Zugspitze immer wieder an die Seilbahn denken.

… Ihnen jemand zum Geburtstag die „Hitparade der Volksmusik" schenkt, obwohl Sie Jazzfan sind.

… Ihre Bewerbung abgelehnt wird mit dem Satz: „Berufserfahrung, ja, gut. Aber so viel nun auch wieder nicht!"

… Ihnen ständig Pfadfinder über die Straße helfen wollen.

… Ihnen Passanten beim Aufsteigen das Fahrrad halten.

… Sie bemerken, dass Sie schon fast so alt wie die CDU-Vorsitzende aussehen.

… Sie ständig den Satz hören: „Für dein Alter hast du dich aber gut gehalten!"

… Ihnen jemand dieses Buch schenkt …